168 trucos de Feng Shui
para una vida feliz y tranquila

168 trucos de Feng Shui
para una vida feliz y tranquila

Lillian Too

Publicado originalmente por Cico Books Ltd, Londres

Título original: *Lillian Too's 168 Feng Shui Ways to a
Calm & Happy Life*
© Cico Books, 2005
© del texto, Lillian Too, 2005
Para los créditos de las imágenes, ver página 160
© de la traducción, Lluís Delgado, 2005
© de esta edición, RBA Libros, S.A., 2005
Pérez Galdós, 36 – 08012 Barcelona
www.rbalibros.com / rba-libros@rba.es

Primera edición: febrero 2006

ISBN: 84-7871-392-1
Ref. OAGO124

Diseño de cubierta: La Page Original
Diseño: Jerry Goldie
Editor de proyecto: Liz Dean
Ilustradores: Stephen Dew, Kate Simunek, Anthony Duke
Composición: Anglofort, S.A.

Índice

Tercera parte
Proteger el hogar

INTRODUCCIÓN

Lo maravilloso del feng shui es que proporciona grandes beneficios a todo el mundo. El feng shui no persigue simplemente lograr dinero o grandes éxitos, sino enriquecer vidas, aliviar los problemas y llevar la felicidad a las relaciones. Su objetivo es llenarnos de felicidad, prosperidad y satisfacción.

Una vez aprenda a orientar las puertas, organizar la disposición de las habitaciones, colocar bien los muebles y usar los colores, las formas y los materiales con creatividad, y sepa algunas cosas más sobre el emplazamiento ideal de los objetos decorativos de su hogar, descubrirá una nueva energía y su vida se impregnará de entusiasmo. La vida será más placentera, las relaciones con sus seres queridos alcanzarán niveles más profundos de comprensión y los lazos con sus hijos y sus amigos más cercanos, así como los existentes entre las distintas generaciones que vivan en su casa, se estrecharán hasta límites insospechados. Y si además sabe actualizar su feng shui de año en año, los efectos positivos resultarán todavía más asombrosos. Cuando un hogar goza de un buen feng shui, queda literalmente inundado de una energía armoniosa y feliz. En un ambiente de estas características, la salud general mejora considerablemente. Los beneficios que todo ello conlleva traspasan los muros del hogar e infundirán la misma energía positiva a su círculo social más amplio. Cuando un hogar logra ser feliz y tranquilo, alegre y relajante, se convierte en un auténtico paraíso, en el santuario que todo hogar debería ser.

¿Por qué funciona el feng shui?

En cuanto su energía espacial sea positiva y esté cargada de buenos presagios y buenas vibraciones, los sentimientos de estancamiento y desencanto que usted pueda albergar quedarán atrás, ya que sus sentimientos a menudo reflejan la energía que desprende su casa. Los estados de ánimo tensos y malhumorados suelen ser una señal de que la energía de su casa no está sincronizada y carece de armonía. La tristeza y la infelicidad también indican que el *chi* invisible e intangible de su hogar se encuentra inestable o debilitado y precisa de un nuevo empujón.

Conflictos físicos

Cuidar el feng shui espacial es una tarea sencilla. La regla básica es mantener el *chi* en movimiento y no permitir en ningún caso que se estanque o se desequilibre. Los sonidos, la actividad, el movimiento y la gente mantienen el *chi* activo, aunque un exceso de yang *chi* también puede resultar desequilibrante. Por este motivo es conveniente no exagerar a la hora de aplicar cualquier consejo de feng shui que decida poner en práctica.

Cuando el espacio permanece demasiado inmóvil y se abandona durante un cierto período de tiempo, el *chi* vibrante se estanca. Para despertarlo de su estado de letargo pasivo, es preciso mover los muebles. Actos tan simples como retirar los sofás unos centímetros para limpiarlos por detrás, o bien desplazar las mesitas de café para limpiar el suelo y después volver a colocarlas en su sitio, provocarán que la energía *chi* se transforme y se revitalice, aunque sólo sea temporalmente (véase el consejo 29). Si añadimos rituales de limpieza de espacios y de purificación del *chi*, el proceso será todavía más efectivo (véase mi libro *168 trucos de feng shui para ordenar tu casa*). Sin embargo, el simple hecho de mover los muebles pondrá en marcha la energía *chi* y le hará sentir mucho mejor.

El feng shui espacial precisa que nos mantengamos alerta ante los conflictos físicos que traen mala suerte, conflictos que generalmente se pueden encontrar en casi todas las casas. Los conflictos físicos pueden tener diversas causas, y en este libro encontrará muchos ejemplos junto con curas y remedios que le aconsejamos para superarlos. La disposición del espacio disponible en nuestra casa es un aspecto al que demasiada gente no presta la debida atención, por lo que la mayoría se centra en los aspectos más estéticos de la ubicación de los muebles y la decoración. Pese a ello, si se otorga una menor relevancia a las implicaciones en el diseño que conlleva el feng shui y se aplican las técnicas adecuadas, la buena suerte de casi todos los hogares puede aumentar independientemente de su estilo decorativo.

Lo más importante es ser sensible a las estructuras físicas, los colores, las columnas, la luz, las obras de arte y los objetos decorativos que formen parte del espacio. Con frecuencia, estos elementos provocan el tipo de problemas de feng shui que hacen la vida más difícil y pesada, como por ejemplo que uno de los habitantes de la casa se enfade o se entristezca con mayor facilidad que de costumbre.

En los peores casos, el mal feng shui lleva a la ira, el desasosiego e incluso a la violencia. La gravedad del mal feng shui depende de si la energía negativa es débil o si es negativa hasta el punto de ser «asesina» y, por lo tanto, dañina. Peor aún, podría estar «muerta», en cuyo caso sería necesario reanimarla. Estos tres tipos de *chi* negativo suponen desgracias e infelicidad. Un mal feng shui en el hogar significa que estos tres tipos de energía negativa se hallan en su interior y le causarán problemas. Las causas que provocan la presencia de ese tipo de energía en su hogar deben corregirse y atacarse porque, de otro modo, continuará viviendo tiempos difíciles y tristes.

Conflictos temporales

El otro aspecto del feng shui que hay que tener en cuenta tiene que ver con el tiempo. Si los conflictos físicos se producen a causa de la disposición de los muebles, el diseño, los bloqueos y la orientación, los temporales son el resultado del paso del tiempo. Así pues, el feng shui está influenciado por dos dimensiones distintas, el espacio y el tiempo, y para asegurarnos de aprovechar al máximo el *chi* temporal debemos actualizar el feng shui a medida que vayan cambiando los períodos de tiempo y también todos los años de acuerdo con el calendario del feng shui.

Los chinos dan una gran importancia al valor del calendario. El principal calendario chino es el calendario lunar, al cual se refieren como «los tallos y las ramas» del tiempo. Cada ciclo del calendario se expresa en términos relativos a los cinco

En el feng shui hay cinco elementos: agua, metal, tierra, fuego y madera, y tres ciclos elementales: el productivo, el exhaustivo y el destructivo. Cada punto cardinal, signo astrológico animal y período de tiempo lleva un elemento asociado.

elementos: agua, madera, fuego, tierra o metal («los tallos celestiales»), así como a los doce animales («las ramas terrenales»). Cada gran ciclo de combinaciones entre tallos y ramas dura sesenta años.

La energía *chi* cambia de año en año y se transforma del yin al yang, de un elemento a otro y de un signo animal al siguiente. La energía *chi* yaciente en los hogares y en la personalidad también cambia en función de si los meses y los años son yin o yang; agua, fuego, metal, tierra o madera, y también dependiendo del signo animal correspondiente a la época.

En consecuencia, el tiempo tiene un impacto muy fuerte en su feng shui, en su suerte y en su destino. El buen feng shui no dura para siempre y requiere que lo recarguemos todos los años con cambios pequeños pero significativos. Es preciso refrescar la energía, reorganizarla y recargarla. Espacios y lugares necesitan un rejuvenecimiento. El *chi* debe mantenerse dinámico.

Período 8, nuevo *chi*

Además del calendario lunar, los chinos también emplean el calendario Hsia, que se utiliza para demarcar los meses y los años de cara a la práctica de las fórmulas más avanzadas del feng shui. Se usa específicamente para el feng shui de la estrella volante, una aproximación técnica al feng shui que acomete directamente los efectos del tiempo en la energía *chi* de los hogares.

Actualmente vivimos en el período de 20 años gobernado por el número 8. Entramos en este nuevo período del 8 el 4 de febrero de 2004. Así pues, el año 2004 fue un año de referencia para mucha gente y para abundantes países. El cambio de período comporta un cambio de la energía.

Antes del 4 de febrero de 2004, el mundo estaba bajo la influencia de la energía del metal, y la búsqueda de la riqueza ensombreció la mayoría del resto de aspiraciones. La energía del metal originó mucho dinero, sobre todo en los Estados Unidos, donde basta recordar el caso de Bill Gates y el auge de Microsoft, así como el desarrollo de la tecnología informática. Sin embargo, el período 7 finalizó en el año 2004, y a lo largo de este año muchos países experimentaron épocas de agitación: los Estados Unidos, China, Australia, Indonesia, la India, España, Malasia, Singapur y las Filipinas sufrieron cambios de gobierno o renovaciones en su seno. Estas transformaciones se percibieron a pequeña y gran escala, tanto en los pasillos de los órganos de gobierno nacionales como en los hogares privados y los despachos de todo el mundo.

La transición al período 8

Sin lugar a dudas, la transición al período 8 beneficiará a todos los hogares. Si la transformación se realiza de acuerdo con los nuevos mapas de la estrella volante (véase el consejo 38), los beneficios serán más espectaculares si cabe. Este libro contiene toda la información que necesita para ello.

Al actualizar su feng shui, reequilibra automáticamente los atributos propios del yin y el yang de cualquier hogar, porque la transformación llevará implícita una nueva puerta, un suelo nuevo y un nuevo tejado, con lo cual se reabastece la trini-

dad del *chi* (*chi* celestial, *chi* terrenal y *chi* humano, véase el consejo 63). Estos son los requisitos para cambiar el período de cualquier casa.

Con la introducción del nuevo *chi*, las energías en conflicto se reducen sistemáticamente. El *chi* estancado, negativo y cansado se evacua. La corriente de la fuerza vital de la casa se restablece y pronto se instala en ella un ambiente feliz. A partir de ese momento, sólo debemos mantener en el hogar ese *chi* que tan bien nos hace sentir.

A lo largo del libro encontrará listas de consejos diseñadas para permitirle identificar los ladrones de energía que se encuentran en su casa, y descubrirá a primera vista cómo con acciones tan simples como abrir una ventana o una puerta o desplazar un espejo, cambiar un techo o comprar una alfombra nueva pueden salvaguardar la armonía de su hogar. Y también aprenderá a identificar y demoler las energías hostiles y violentas que causan la infelicidad de los que le rodean.

Sabrá inmediatamente dónde acecha el *chi* de las enfermedades cada año e incluso lo descubrirá de un mes a otro, gracias a lo cual podrá eliminarlo. Lo más importante es que será capaz de solucionar los problemas financieros, reconducir las relaciones deterioradas y superar las frustraciones, la falta de armonía y el efecto pernicioso que produce sobre nosotros la gente molesta. También encontrará proyectos y tablas de preguntas y respuestas que le guiarán a lo largo de todo el proceso.

Al invertir el tiempo y el esfuerzo necesarios para aprender la técnica viva del feng shui, logrará añadir un valioso recurso a su vida, ya que sabrá habilitar la fuerza espacial y temporal presente a su alrededor. Como consecuencia de ello, su visión y su percepción de los espacios vitales nunca volverán a ser las mismas.

CONOZCA SU SIGNO ASTROLÓGICO ANIMAL

RATA
31 ene 1900 – 18 feb 1901
18 feb 1912 – 5 feb 1913
5 feb 1924 – 23 ene 1925
24 ene 1936 – 10 feb 1937
10 feb 1948 – 28 ene 1949
28 ene 1960 – 14 feb 1961
15 feb 1972 – 2 feb 1973
2 feb 1984 – 19 feb 1985
19 feb 1996 – 6 feb 1997

BUEY
19 feb 1901 – 7 feb 1902
6 feb 1913 – 25 ene 1914
24 ene 1925 – 12 feb 1926
11 feb 1937 – 30 ene 1938
29 ene 1949 – 16 feb 1950
15 feb 1961 – 4 feb 1962
3 feb 1973 – 22 ene 1974
20 feb 1985 – 8 feb 1986
7 feb 1997 – 27 ene 1998

TIGRE
8 feb 1902 – 28 ene 1903
26 ene 1914 – 13 feb 1915
13 feb 1926 – 1 feb 1927
31 ene 1938 – 18 feb 1939
17 feb 1950 – 5 feb 1951
5 feb 1962 – 24 ene 1963
23 ene 1974 – 10 feb 1975
9 feb 1986 – 28 ene 1987
28 ene 1998 – 15 feb 1999

CONEJO
29 ene 1903 – 15 feb 1904
14 feb 1915 – 2 feb 1916
2 feb 1927 – 22 ene 1928
19 feb 1939 – 7 feb 1940
6 feb 1951 – 26 ene 1952
25 ene 1963 – 12 feb 1964
11 feb 1975 – 30 ene 1976
29 ene 1987 – 16 feb 1998
1 feb 1999 – 4 feb 2000

DRAGÓN
16 feb 1904 – 3 feb 1905
3 feb 1916 – 22 ene 1917
23 ene 1928 – 9 feb 1929
8 feb 1940 – 26 ene 1941
27 ene 1952 – 13 feb 1953
13 feb 1964 – 1 feb 1965
31 ene 1976 – 17 feb 1977
17 feb 1988 – 5 feb 1989
5 feb 2000 – 23 ene 2001

SERPIENTE
4 feb 1905 – 24 ene 1906
23 ene 1917 – 10 feb 1918
10 feb 1929 – 29 ene 1930
27 ene 1941 – 14 feb 1942
14 feb 1953 – 2 feb 1954
2 feb 1965 – 20 ene 1966
18 feb 1977 – 6 feb 1978
6 feb 1989 – 26 ene 1990
24 ene 2001 – 11 feb 2002

CABALLO
25 ene 1906 – 12 feb 1907
11 feb 1918 – 31 ene 1919
30 ene 1930 – 16 feb 1931
15 feb 1942 – 4 feb 1943
3 feb 1954 – 23 ene 1955
21 ene 1966 – 8 feb 1967
7 feb 1978 – 27 ene 1979
27 ene 1990 – 14 feb 1991
12 feb 2002 – 31 ene 2003

OVEJA
13 feb 1907 – 1 feb 1908
1 feb 1919 – 19 feb 1920
17 feb 1931 – 5 feb 1932
5 feb 1943 – 24 ene 1944
24 ene 1955 – 11 Fen 1956
9 feb 1967 – 29 ene 1968
28 ene 1979 – 15 feb 1980
15 feb 1991 – 3 feb 1992
1 feb 2003 – 21 ene 2004

MONO
2 feb 1908 – 21 ene 1909
20 feb 1920 – 7 feb 1921
6 feb 1932 – 25 ene 1933
25 ene 1944 – 12 feb 1945
12 feb 1956 – 30 ene 1957
30 ene 1968 – 16 feb 1969
16 feb 1980 – 4 feb 1981
4 feb 1992 – 22 ene 1993
22 ene 2004 – 8 feb 2005

GALLO
22 ene 1909 – 9 feb 1910
8 feb 1921 – 27 ene 1922
26 ene 1933 – 13 feb 1934
13 feb 1945 – 1 feb 1946
31 ene 1957 – 17 feb 1958
17 feb 1969 – 5 feb 1970
5 feb 1981 – 24 ene 1982
23 ene 1993 – 9 feb 1994
9 feb 2005 – 28 ene 2006

PERRO
10 feb 1910 – 29 ene 1911
28 ene 1922 – 15 feb 1923
14 feb 1934 – 3 feb 1935
2 ene 1946 – 21 ene 1947
18 feb 1958 – 7 feb 1959
6 feb 1970 – 26 ene 1971
25 ene 1982 – 12 feb 1983
10 feb 1994 – 30 ene 1995
29 ene 2006 – 17 feb 2007

CERDO
30 ene 1911 – 17 feb 1912
16 feb 1923 – 4 feb 1924
4 feb 1935 – 23 ene 1936
22 ene 1947 – 9 feb 1948
8 feb 1959 – 27 ene 1960
27 ene 1971 – 14 feb 1972
13 feb 1983 – 1 feb 1984
31 ene 1995 – 18 feb 1996
18 Fen 2007 – 6 feb 2008

Primera parte

Conflictos del feng shui dentro y fuera del hogar

CONFLICTOS FÍSICOS DEL FENG SHUI

El primer paso para crear un hogar feliz es aprender a estar pendiente de cualquier conflicto físico que pueda existir en él, conflictos que pueden ocasionar todo tipo de desgracias, enfermedades y molestias. Si identificamos y corregimos los objetos físicos que se hallan en una situación incorrecta o que causan problemas en las habitaciones, las camas, los escritorios o las mesas, habremos hecho un gran avance en la mejora de nuestro feng shui global. Sólo podrá comenzar a sentir los efectos relajantes de la energía positiva una vez haya activado la corriente de *chi* a su alrededor y haya facilitado su movimiento en el interior de la casa. Esta bendición ocurre cuando todos los objetos tangibles que le rodean emiten un *chi* acogedor en lugar de un *chi* debilitante.

Los conflictos físicos crean un mal feng shui espacial 1

Los diseños de los hogares modernos contienen tal abundancia de esquinas, columnas, niveles y formas que, inconscientemente, podrían formar «flechas envenenadas». Para ser consciente del número de elementos angulosos, rectos y puntiagudos que se encuentran dentro y fuera de su casa y de la energía que desprenden, le basta con mirar a su alrededor. Si estos elementos discordantes y las vibraciones asesinas que emiten no le llaman la atención, resulta sorprendentemente fácil pasarlos por alto. Sin embargo, en cuanto cobre conciencia de su dinámica y de la influencia que ejercen sobre su entorno físico más inmediato, habrá dado el primer paso hacia la práctica antigua, pero aún relevante, del feng shui.

Qué debe buscar

Preste atención a cualquier cosa larga y recta, como por ejemplo una carretera sin curvas que apunte directamente a su puerta principal (véase también el consejo 5) o un pasillo interno largo que se «estrelle» contra la puerta del dormitorio. También debería fijar-

Tenga cuidado con los elementos peligrosos presentes alrededor de su casa, como los pilares, los árboles y los bordes de los edificios que parezcan «disparar» hacia su hogar.

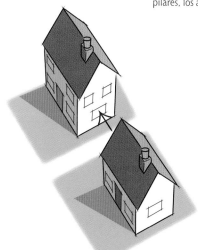

La silueta del tejado de los edificios muy próximos puede crear «flechas envenenadas» externas o *shar chi*, una energía negativa que afecta a su espacio vital. Es crucial buscar los problemas de feng shui de su entorno antes de comenzar a emplear el feng shui en los interiores de la casa.

se en cualquier elemento puntiagudo, como puede ser el borde de un edificio orientado hacia su casa o el canto de una columna situada en la sala de estar dirigido al lugar en el que suele sentarse. Del mismo modo, debe tener cuidado con cualquier objeto triangular, como la silueta del tejado de la casa de un vecino que apunte a la puerta de su hogar o a alguna de las ventanas (véase el dibujo) o una pintura abstracta colgada sobre la chimenea de la sala que contenga formas triangulares y angulosas. Todos estos elementos físicos conflictivos pueden crear andanadas de flechas que le atacarán, por lo que ha llegado la hora de dejar de convivir con ellos y pasar a la acción. Siga leyendo para descubrir las soluciones de feng shui que necesita.

2 La distribución del mobiliario perjudica su paz

Fíjese en la disposición de los muebles en las habitaciones principales de su casa. Tal vez parezca un aspecto de escasa relevancia, pero la ubicación de los muebles en los espacios en los que habitamos tiene una influencia directa sobre la paz del hogar. Las camas, las mesas y las sillas emanan energía que a veces puede ser perjudicial para la gente que vive a su alrededor. También debe recordar que los espacios para dormir o sentarse siempre interactúan con la energía *chi* personal de los residentes. Quienes conozcan la fórmula Kua, que indica las orientaciones que nos resultarán positivas o negativas en función de nuestro año de nacimiento, ya saben de la importancia de los auspicios que conlleva nuestra orientación a la hora de sentarnos y acostarnos.

Además de los consejos Kua relativos a las buenas y malas orientaciones, es fundamental respetar las reglas básicas del feng shui a la hora de colocar los muebles principales de la casa.

Una distribución equilibrada y espaciosa del mobiliario permite que el *chi* fluya libremente por la habitación.

Cómo distribuir los muebles de su hogar

Vestíbulos o recibidores

En el vestíbulo o el recibidor no debería haber nada que pueda obstruir la entrada del *chi* en la casa. Si el *chi* bueno encuentra dificultades para entrar, el efecto es de falta de vitalidad. La parte central del frente de la casa se suele llamar el «palacio frontal del hogar» y es muy importante mantenerlo auspicioso y libre de la presencia de muebles grandes. Podría haber un solo biombo auspicioso para obligar al *chi* a rodearlo al entrar en casa. Lo ideal sería que en el vestíbulo o el recibidor hubiera una puerta o una ventana.

Salas de estar

Los sofás y las mesitas auxiliares nunca deben obstaculizar el curso del *chi* al entrar en la casa. Evite las disposiciones de muebles en confrontación, como por ejemplo dos sofás orientados frente a frente, ya que esta ubicación suele favorecer los conflictos mentales y las discusiones. Una distribución hexagonal u octagonal del tipo Pa Kua (consúltese el dibujo) facilita la creación de energía positiva. Las mesitas deben colocarse junto a los sillones, puesto que así se potencia un *chi* favorable, dado que todas las personas tienen su propia aura espacial y esto reduce la posibilidad de que exista hostilidad o tensión.

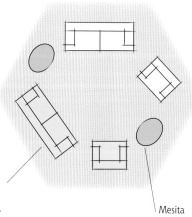

Coloque los sofás formando ángulos, nunca justo de frente, para evitar las confrontaciones.

Mesita

Comedores

Nunca coloque la mesa del comedor justo debajo del punto donde hay un cuarto de baño en el piso superior o junto a uno en la misma planta. Las mesas del comedor no deben parecer apretujadas en la sala, así que, si la habitación es pequeña, coloque un espejo de pared para ampliar la sensación de espacio. Intente atribuir el lugar de cada persona en la mesa según su orientación *nien yen* o *fu wei* particular (léase el consejo 19). Esta disposición es ideal para que la armonía reine durante las comidas.

Las puertas pueden provocar conflictos 3

La puerta principal se considera la boca del hogar, el lugar por el que puede entrar el *chi* nutritivo y cargado de buena suerte. Muchos aspectos del feng shui se ocupan del posicionamiento y la orientación de la puerta, así como de su color, sus medidas y otros atributos, detalles que también influyen en la adecuación de la puerta a la casa. De todos los factores relativos a la puerta, seguramente el que ejerce una influencia más poderosa sobre el bienestar de las personas es la orientación.

La orientación de la puerta

Siempre es mejor que la puerta principal esté orientada en la misma dirección que la casa, ya que así se proporciona armonía y equilibrio a las

La orientación de su casa suele coincidir con la de la puerta principal.

energías que rodean el hogar. Aun cuando sea imposible colocar la puerta principal en esa ubicación, convendría por lo menos tener una puerta secundaria o una ventana en ese punto que actúen como puerta, o boca, alternativa.

Una puerta mal orientada «lucha» contra la dirección a la que apunta la casa. Si esto es aplicable a su puerta principal, sin duda sufrirá todo tipo de penurias. Consulte la tabla y ponga en práctica las soluciones que le aconsejamos para menguar los efectos de la mala puerta.

Soluciones para la puerta

ORIENTACIÓN DE LA CASA	ORIENTACIÓN DE LA PUERTA Y SUS EFECTOS	REMEDIO QUE COLOCAR JUNTO A LA PUERTA
Casa orientada hacia el sur (fuego)	Puerta orientada hacia el sudeste: produce	No haga nada
	Puerta orientada hacia el sudoeste: agota	Ponga metal
Casa orientada hacia el norte (agua)	Puerta orientada hacia el noreste: destruye	Ponga plantas
	Puerta orientada hacia el noroeste: produce	No haga nada
Casa orientada hacia el oeste (metal)	Puerta orientada hacia el sudeste: produce	No haga nada
	Puerta orientada hacia el noroeste: alía	No haga nada
Casa orientada hacia el este (madera)	Puerta orientada hacia el nordeste: destruye	Ponga agua
	Puerta orientada hacia el sudeste: alía	No haga nada
Casa orientada hacia el sudoeste (tierra)	Puerta orientada hacia el sur: produce	No haga nada
	Puerta orientada hacia el oeste: agota	Ponga agua
Casa orientada hacia el nordeste (tierra)	Puerta orientada hacia el norte: distrae	No haga nada
	Puerta orientada hacia el este: destruye	Ponga luces
Casa orientada hacia el sudeste (madera)	Puerta orientada hacia el este: alía	No haga nada
	Puerta orientada hacia el sur: agota	Ponga piedras
Casa orientada hacia el noroeste (metal)	Puerta orientada hacia el norte: agota	Ponga plantas
	Puerta orientada hacia el oeste: alía	No haga nada

Las plantas deben ser de hojas redondeadas, como los lirios.

Nota:
Una puerta que «produce» o «alía» causa un efecto positivo sobre los residentes. No haga nada.

Una puerta que «agota» implica efectos negativos y exige soluciones.

Una puerta que «distrae» causa un efecto neutro y no es preciso hacer nada.

Una puerta que «destruye» provoca efectos negativos y exige soluciones.

4 Las puertas en ángulo atraen una buena suerte asombrosa

Hasta hace pocos años, sólo los grandes practicantes asiáticos conocían uno de los secretos mejor guardados de la práctica del feng shui avanzado: la instalación de puertas en ángulo. Se trata de puertas principales inclinadas unos 45° respecto a la orientación general de la casa o bien a los mismos 45° respecto a su fachada. Una puerta inclinada no puede cambiar la orientación de una propiedad, pero es un método útil para capturar una dirección auspiciosa personalizada basada en la fórmula Kua, si la dirección hacia la que apunta la casa no nos resulta halagüeña. La fórmula Kua establece las orientaciones que son auspiciosas y no auspiciosas para cada persona según su año de nacimiento (véase el consejo 19). Si, por ejemplo, la casa está alineada con una carretera y apunta hacia el sur, mientras que la dirección que a usted le resulta auspiciosa es el sudoeste, puede inclinar la puerta para que esté orientada hacia el sudoeste y no hacia el sur. En ese caso, la puerta pasa a ser inclinada.

Una puerta inclinada suele formar un ángulo de unos 45 °.   Puerta inclinada

Puertas inclinadas en Singapur

En Singapur se encuentran muchos ejemplos de puertas inclinadas, pues durante algunos años el maestro de feng shui más prominente de la isla las usó con gran éxito para beneficiar a abundantes magnates del lugar. Por este motivo, a lo largo de la famosa Orchard Road podemos encontrar ejemplos de puertas inclinadas en la fachada de numerosos edificios. El ejemplo más conocido de este tipo de entrada se encuentra en el Grand Hyatt Hotel, situado en Scotts Road, en el centro de Singapur. Cuando este hotel abrió sus puertas en los años 60, el volumen de negocios resultó ser escaso, así que se pidió ayuda a Ven Hong Choon, el afamado maestro de feng shui. El maestro aconsejó la instalación de una puerta inclinada y, en cuanto se terminó, el hotel recibió una avalancha de clientes debido a que un vuelo se había retrasado inesperadamente. Desde aquel día, el Grand Hyatt pasó a ser uno de los hoteles más prósperos del país.

Muchos de los hogares de Singapur y Malasia utilizan hoy en día este tipo de puertas para traer una suerte asombrosa a sus propietarios.

Una puerta inclinada forma un ángulo de 45° y en Oriente se suele usar para apuntar a la orientación Kua auspiciosa de una persona cuando la orientación de la casa le trae malos presagios.

Las puertas principales pueden provocar grandes desgracias   5

Si la puerta principal de su casa, o alguna puerta secundaria muy utilizada, queda bajo el impacto de una flecha envenenada que manda energía perniciosa hacia ella, los residentes tendrán muchos problemas de los que preocuparse. Las flechas envenenadas suelen estar provocadas por estructuras o formaciones naturales que apuntan a nuestra puerta principal (véase el consejo 1).

Los peligros de las puertas

Estos problemas físicos pueden estar causados por una carretera recta que apunte a nuestra puerta, un tejado triangular al otro lado de la calle, una carretera elevada o un simple árbol, un poste de electricidad o un puente. En realidad, cualquier tipo de estructura que parezca amenazar su puerta o transmitir vibraciones hostiles puede producir problemas físicos. El término de feng shui moderno acuñado para describir estos problemas es «flechas secretas envenenadas», las cuales suelen ser la causa principal de la mala suerte. Sin embargo, no es difícil identificarlas.

Remedios eficaces

Combatir los conflictos físicos no es difícil si se sabe cómo. El secreto consiste en descubrir el origen de la flecha envenenada o, dicho de otro modo, la dirección de la cual procede. Una vez sepamos esto, podremos colocar remedios y soluciones en el lugar adecuado para que intercepten la flecha envenenada antes de que impacte en la casa y en su puerta. El mejor consejo es comprar una buena brújula y, a continuación, de pie frente a la casa mirando hacia fuera anotar el punto cardinal en el que se encuentra el elemento conflictivo causante del problema físico. Una vez disponga de esa información, siga los siguientes consejos:

- Si procede del sur, coloque una gran urna de agua cerca de la puerta.

- Si procede del norte, sitúe una roca o un cristal de gran tamaño cerca de la puerta.

Compre un cuenco o una urna de agua de gran tamaño, ya que una urna llena de agua representa la energía yin y es un remedio común para sanar las zonas afectadas fuera de la casa.

- Si procede del oeste o el noroeste, instale una luz brillante cerca de la puerta.

- Si procede del este o el sudeste, cuelgue un pequeño carillón cerca de la puerta.

- Si procede del nordeste o el sudoeste, cultive plantas cerca de la puerta.

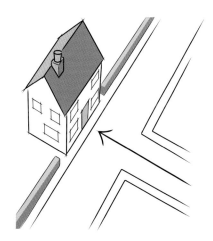

Una intersección en forma de T crea una flecha envenenada que apunta a la puerta principal, un problema de feng shui habitual.

6 El agua a la derecha de la puerta causa infidelidades

Si precisa alguna solución o mejora feng shui que contenga agua, nunca la sitúe a la derecha de la puerta de su casa y tampoco junto a la puerta principal ni cerca de ninguna otra puerta secundaria que se use con frecuencia. Al hablar del lado derecho nos referimos al lado derecho visto desde dentro de la casa mirando hacia fuera.

Incumplimiento de la regla

La consecuencia de ignorar esta regla es, en el mejor de los casos, que el hombre de la casa comience a fijarse en otras personas y, en el peor, que llegue incluso a iniciar una segunda familia secreta. Esta es una consecuencia habitual de pasar por alto esta regla y casi siempre desemboca en corazones rotos y una tragedia cuando finalmente se descubre el engaño del hombre.

Si se respeta la regla del emplazamiento del agua, el matrimonio de quienes vivan en el hogar no se verá afectado negativamente. La norma se aplica a la ubicación de cualquier elemento que contenga agua, ya sea dentro o fuera de la casa. Sin embargo, cuando el agua se sitúa justo delante de una puerta, puede actuar como remedio o como mejora.

Más adelante en este mismo libro, descubrirá que existen ciertas orientaciones en las que el agua puede resultar extremadamente auspiciosa y traernos riqueza y buena suerte en el ámbito económico (véase el consejo 78).

Compruebe la ubicación de los elementos con agua

El agua situada frente al hogar, a la derecha de la puerta (véase la foto), puede causar infidelidad en las relaciones. También debe comprobar que las puertas traseras de su casa no sufran el mismo problema (véase la ilustración). Asegúrese de que tampoco haya elementos que puedan contener agua –como estanques vacíos o cazuelas abandonadas– junto a la puerta, puesto que, si se llenan de agua de lluvia, ejercerán la misma influencia que cualquier elemento decorativo y provocarán infidelidades.

Un espejo que refleja la puerta principal trae hostilidad a la casa 7

as consecuencias de tener un espejo grande que refleje directamente la puerta principal son la aparición de enfermedades y la presencia de presiones competitivas hostiles ejercidas por agentes externos malévolos. También motiva que cualquier proyecto, negocio o avance profesional quede obstruido por abundantes obstáculos que bloquearán el camino hacia el éxito. Algunos opinan que el espejo hace que el *chi* entre en nuestro hogar y lo abandone inmediatamente, sobre todo si refleja la carretera de la calle. Si el espejo de pared está ubicado en una pared lateral del recibidor y no refleja la puerta directamente, no causa ningún daño.

El peligro de un exceso de yang

También es aceptable que el espejo refleje una pared elevada situada frente a la casa. Sin embargo, debe asegurarse de que, cuando se abra la puerta, el espejo no refleje la energía yang exterior, que puede estar presente en carreteras principales, tiendas o mercados. La idea es asegurarnos de que el *chi* que entre en el hogar no sea absorbido rápidamente hacia el exterior. Una solución posible es colocar un biombo frente a la puerta para obstaculizar el reflejo.

Dónde conviene colgar los espejos

Si su espejo está colocado justo frente a la puerta principal pero tiene una verja de entrada elevada o una pared exterior que se refleja en él, no se originan malos augurios (consulte la ilustración superior). Sin embargo, si puede mover el espejo, es mejor colocarlo a un lado de la puerta (véase la ilustración inferior).

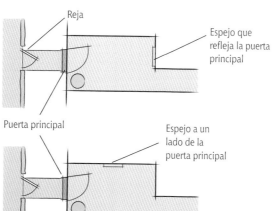

Reja

Espejo que refleja la puerta principal

Puerta principal

Espejo a un lado de la puerta principal

Siempre debe colocar un espejo a un lado de la puerta principal, sobre todo si vive en una calle muy transitada. Esto se debe a que, si el espejo refleja la intensa energía yang procedente del exterior, crea energía hostil en el interior de la casa.

8   Los espejos que reflejan la cama provocan la intromisión de terceros en el matrimonio

Si quiere que su hogar sea feliz y próspero, es crucial que use el feng shui para garantizar la santidad de su matrimonio o de la del matrimonio de cualquiera que viva bajo su mismo techo. La fidelidad entre los cónyuges debería ser uno de los principales objetivos de su práctica del feng shui, ya que nada daña más la felicidad de una casa que la ruptura de un matrimonio causada por la intrusión de una tercera persona o por las indiscreciones de cualquiera de los dos cónyuges.

Para proteger su relación, evite los espejos y las luces intensas en el dormitorio

PREGUNTA Y RESPUESTA

No puedo mover el espejo de mi dormitorio. ¿Qué otra cosa puedo hacer?

Si el espejo de su dormitorio está fijo en una pared o en el interior de un armario y no lo puede mover con facilidad, el mejor método para ocuparse del problema es encontrar el modo de «cerrarlo» para que no refleje la cama. Puede probar a usar un biombo, un tapiz o una cortina. A menudo, bloquear la visión del espejo mientras duerme basta para contrarrestar la influencia negativa que ejercen los espejos en el dormitorio.

Más vale prevenir que curar

Una de las causas más frecuentes de la ruptura matrimonial es la presencia de una gran superficie reflectante, como por ejemplo un espejo, que refleja directamente la cama de los cónyuges. Este reflejo provoca que una tercera persona se interponga entre el marido y la mujer. No espere a que este problema haga que usted o su pareja abandonen el matrimonio o incluso el hogar, dado que entonces será demasiado tarde para resolverlo.

Recuerde que en el feng shui siempre prima la prevención por encima de la curación, así que debe desprenderse de cualquier espejo presente en el dormitorio. Es mejor vestirse y maquillarse en el cuarto de baño o habilitar otra habitación o un anexo para ese fin. Tenga presente que un televisor o el monitor de un ordenador orientados hacia la cama también cuentan como superficies reflectantes.

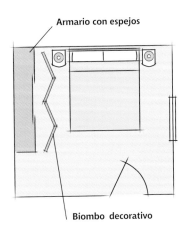

Armario con espejos

Biombo decorativo

Si tiene armarios con espejos de los cuales no puede desprenderse, cúbralos con un biombo ligero antes de acostarse. Los espejos provocan un exceso de energía yang en el dormitorio, que siempre debería ser un espacio yin tranquilo que incitara al sueño.

Los pasillos largos provocan problemas entre hermanos 9

Una de las causas más comunes de las peleas y las discusiones entre hermanos es la localización de su cuarto. Si una distribución desafortunada hace que la habitación desemboque en un pasillo largo, las puertas que se abren a ese pasillo provocan un exceso de «bocas». En el feng shui, se suele ver con malos ojos los pasillos largos y estrechos, a menos que formen parte de una galería exterior que rodee la casa. Si se encuentran ubicados en el interior de la casa, cuanto más largo y más estrecho sea el pasillo, mayor será el daño que cause, sobre todo si se encuentra rodeado de habitaciones y hay una al final de su recorrido. Las personas que vivan en habitaciones que den a un pasillo de este tipo tendrán tendencia a la disputa, sobre todo entre aquellos que vivan en cuartos cuyas puertas estén directamente enfrentadas.

Cómo crear distracciones

Como es poco probable que pueda variar la disposición de las puertas, la solución al problema es crear distracciones en el pasillo. Puede hacerlo colgando cuadros en las paredes o colocando macetas con plantas (si el espacio disponible se lo permite), ya que con ello logrará que la corriente de *chi* frene un poco. Este es el método adecuado para que el *chi* hostil pase a ser benévolo. Cuando el *chi* avanza demasiado deprisa es negativo y dañino, puesto que carga consigo infortunios y mala suerte.

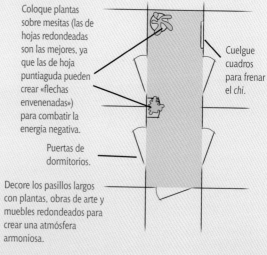

Exceso de puertas

Muchas puertas en un pasillo largo representan un exceso de bocas. En el caso de los hermanos, esta disposición simboliza que todo el mundo habla a la vez, lo cual lleva a discusiones y desacuerdos. Use plantas para crear un poco de paz y calma, pues frenan la energía yang excesivamente activa.

Coloque plantas sobre mesitas (las de hojas redondeadas son las mejores, ya que las de hoja puntiaguda pueden crear «flechas envenenadas») para combatir la energía negativa.

Cuelgue cuadros para frenar el *chi*.

Puertas de dormitorios.

Decore los pasillos largos con plantas, obras de arte y muebles redondeados para crear una atmósfera armoniosa.

10 Las habitaciones enfrentadas pueden llevar a malentendidos

Cuando las puertas de dos dormitorios quedan directamente enfrentadas, podemos dar por sentado que se producirán malentendidos entre sus ocupantes. Esta es una de las causas de las rivalidades entre hermanos (léase el consejo 9). Si las hijas de un matrimonio, por ejemplo, ocupan habitaciones situadas la una frente a la otra, la energía que se creará entre ellas será de competencia hostil. Esta situación se produce sobre todo cuando una de las habitaciones está orientada hacia el sudoeste y la otra hacia el nordeste, dado que dos *chis* de tierra enfrentados conllevan problemas de rivalidades intensas.

Cómo apaciguar la rivalidad entre hermanos

La solución a este problema consiste en instalar una luz brillante entre ambas puertas. Una vez se haya creado suficiente *chi*, la hostilidad se esfumará. Las luces brillantes crean asimismo una energía yang muy valiosa que también resulta efectiva cuando las puertas están orientadas en otras direcciones.

Si las puertas de los dormitorios de dos hermanas se encuentran la una frente a la otra, se puede crear una intensa rivalidad. Mejorar el pasillo con mesitas y una iluminación suave puede ayudar a apaciguar la energía hostil.

PROYECTO

Iluminar el área que rodea las habitaciones de sus hijos

Si no tiene una lámpara de techo cerca de las puertas enfrentadas de las habitaciones de sus hijos, deberá encontrar otros métodos para mantener el pasillo bien iluminado y evitar posibles roces. Puede colocar mesas con lámparas junto a las puertas, instalar pequeñas lámparas de pared o incluso colgar farolillos u otro tipo de iluminación decorativa alrededor de los cuadros y los espejos de la pared. Use un alargo si es preciso, pero asegúrese de que todos los componentes eléctricos están correctamente instalados y colocados en lugares seguros.

Las esquinas prominentes originan berrinches 11

Uno de los problemas dañinos más habituales en el interior del hogar son las esquinas prominentes, que crean aristas afiladas como cuchillos. El efecto que causan estas esquinas es pernicioso y suele provocar que la gente que vive en la casa pierda la calma y sufra cambios de humor más violentos que de costumbre. Las esquinas prominentes también perjudican a las relaciones entre los habitantes de la casa. Cualquiera que se siente en la dirección hacia la que estén orientadas estas esquinas se sentirá más vulnerable de lo normal a todo tipo de estrés, lo cual le hará más irascible y reducirá sus niveles de tolerancia.

Soluciones

Este problema rompe la paz del hogar y motiva que sus habitantes hablen en un tono más airado y rebosante de frustración. El método adecuado para contrarrestar el problema es colocar frente a la esquina puntiaguda algo que bloquee su energía asesina. Este obstáculo puede ser una planta, un biombo o un armario alto. Para potenciar la eficacia del bloqueo, también se puede aplicar el principio de los cinco elementos y adecuar el remedio a la dirección hacia la cual esté orientada la esquina.

Así pues:

- Si la esquina apunta al sur, su origen se halla en el norte: colocar plantas o cristales frente al borde será lo más efectivo para aplacar sus efectos.

- Si la esquina apunta al norte, su origen se encuentra en el sur: ubicar cristales o una urna con agua frente al borde será adecuado.

- Si la esquina apunta al sudoeste, su origen se halla en el nordeste, y viceversa: coloque plantas o un pequeño carillón frente a la esquina prominente.

- Si la esquina apunta al este o al sudeste, su origen está en el oeste o el noroeste: una urna de agua o una luz brillante situadas justo frente al borde paliarán sus efectos dañinos.

- Su la esquina apunta al oeste o al noroeste, su origen se halla en el este o el sudeste: una urna de agua o una luz brillante colocadas frente al borde serán efectivas.

Muchos hogares modernos tienen columnas con «flechas envenenadas», las esquinas puntiagudas que proyectan *chi* pernicioso y provocan la ira. Coloque plantas con hojas redondeadas al pie de estas columnas para frenar la corriente de energía y potenciar una atmósfera más armoniosa.

12 Las vigas causan dolores de cabeza a quien está bajo ellas

Es imposible disponer de una energía equilibrada en cualquier habitación en la que haya vigas descubiertas que manden energía asesina procedente del techo hacia el suelo. Si son vigas estructurales, su potencia aumenta y su efecto negativo crece. Las vigas en el techo de los pisos que forman parte de grandes bloques son aún más dañinas. El remedio para estos problemas es ocultar las vigas completamente, ya que en el feng shui lo que queda fuera de la vista suele perder la mayor parte de su fuerza.

Conviene tener presente que las vigas que forman parte del diseño del techo son menos perjudiciales que las vigas solitarias que cruzan la habitación. Pese a todo, si la casa no dispone de un techo apropiado y se pueden ver las vigas y las tejas del tejado, el efecto también es negativo. Los amigos que visiten su hogar se sentirán a disgusto y perderá sus amistades debido a malentendidos y desacuerdos que tenderán a multiplicarse en lugar de a mejorar con el tiempo. Además, su cónyuge y usted tendrán disputas constantes y la casa distará

Las vigas elevadas pueden provocar conflictos en las relaciones, sobre todo si están sobre la cama. Si no puede separar la cama de las vigas, cúbralas con una tela hermosa como la muselina para proteger la relación de su influencia negativa.

de ser feliz o tranquila. El remedio es colocar un buen techo cuanto antes.

13 El agua bajo las escaleras descarría a los niños

Un adorno de bambú hará que los niños sean mucho menos rebeldes.

Este es uno de los peores problemas de los que puede adolecer su hogar, ya que se dice que causa desgracias duraderas a cualquier niño que viva en un hogar así. El agua situada bajo la escalera, como la de un lavabo, una pecera o una fuente, también hace que se alejen de la imagen de niños adorables y se transformen en niños descarriados y rebeldes. El agua bajo una escalera traerá, además, una mala suerte duradera a los hijos de la familia. Todos los proyectos o trabajos educativos en los que se impliquen sufrirán reveses inesperados, y encontrarán obstáculos y problemas en la vida.

Curas y talismanes

Lo mejor es dejar de usar un lavabo situado bajo una escalera, pero, como no suele ser una solución práctica, limítese a mantener cerrada la puerta del cuarto de baño. Retire cualquier objeto decorativo que contenga agua y coloque una pagoda de cerámica o de oro cerca de la escalera. En la antigüedad, los padres incluso hacían que sus hijos llevaran una pagoda en un colgante para atraer un *chi* positivo para los estudios. También puede colocar jade antiguo o una planta de bambú de cerámica decorativa en el dormitorio de los niños para mejorar su capacidad de concentración.

Las escaleras en conflicto crean falta de comunicación 14

Hay diversos tipos de escalera, cada uno de los cuales origina una corriente de energía *chi* distinta en su ascensión a la siguiente planta de la casa. A la hora de construir una escalera, tenga presentes los siguientes detalles:

- Lo mejor es que la escalera sea amplia y curvada. Es ideal si es lo bastante ancha para que pasen dos personas.

- La escalera debería parecer sólida y no quedar abierta con agujeros entre los peldaños.

- La escalera no debería ni empezar ni terminar directamente frente a una puerta, sobre todo ante la puerta principal.

- La escalera no debería parecer «partida» cerca de la puerta principal, es decir, no debería haber un tramo de escaleras ascendente y otro descendente, ya que esta disposición confunde al *chi* que entra en el hogar.

Las escaleras deberían girar con suavidad y estar decoradas con muebles y cuadros simples y espaciosos. Mantenga la zona bien iluminada.

Cuando las escaleras giran y giran formando una espiral o tienen demasiados giros, el efecto es similar al de un sacacorchos y produce que el flujo del *chi* sea irregular y abrupto.

El flujo de *chi*

La no observación de cualquiera de los consejos referentes a la escalera tendrá como consecuencia malentendidos constantes entre los habitantes de la casa. Esto se debe a que las escaleras son conductos principales del *chi* y, cuanto más armoniosas sean y más suaves sean sus curvas, más benévola será la corriente del *chi*. Si tiene problemas en la escalera, la solución es colocar cuadros en la pared por la que transcurre e instalar una luz muy brillante que guíe al *chi* hacia arriba.

La razón por la que se otorga tanta importancia a tener un buen feng shui en la escalera es que esta estructura el *chi* de una planta a otra, así que, si desea gozar de una energía armoniosa tanto de día como de noche, la energía debe fluir correctamente por la escalera.

15 Una ventana detrás de su cama puede hacerle irascible

Uno de los tabúes referentes al sueño que se encuentran más habitualmente en los dormitorios es colocar la cabecera de la cama en una pared que tiene una ventana. Esto significa que la ventana quedará detrás de la cama, una disposición que implica un mal feng shui. Una ventana detrás de la cama hace que la persona que duerme sea muy vulnerable a las formaciones de espíritu yin, que perturba el sueño y hace que la persona se torne muy irascible e irritable. Esta disposición de la cama y la ventana también es la culpable de que los ocupantes tengan sueños inquietantes cuando por fin consiguen dormir.

Cómo bloquear el *chi* exterior

La solución a este problema es sencilla. Por la noche, al ir a dormir, cierre la ventana y corra una cortina gruesa para evitar que el *chi* exterior penetre en la habitación. También es una idea excelente colocar una pagoda de los cinco elementos en la cornisa como símbolo protector.

Si en el momento de aprovechar su mejor orientación a la hora de dormir se encuentra con que debe colocar la cama frente a una ventana, lo único que debe hacer es cubrirla con una cortina gruesa para ocultar la ventana mientras duerme.

Si es posible, coloque la cama de manera que la cabecera quede contra en una pared en lugar de bajo una ventana. Sin embargo, si tiene que dormir con la cama colocada bajo una ventana, cúbrala con cortinas gruesas y elija una cabecera robusta que simbolice un buen apoyo.

Elija una cabecera robusta.

Un televisor en el dormitorio trastorna las relaciones 16

La pantalla de un televisor actúa como un espejo y, si está orientada directamente hacia la cama, puede provocar una falta de armonía en el matrimonio (véase el consejo 8). El televisor también emite una energía que podría ser demasiado intensa para el dormitorio. Si desea tener un televisor en el dormitorio, debe asegurarse de que quede cubierto con una funda o cerrado en un armario mientras duerme. Además, debe tener especial cuidado de que la pantalla no esté orientada hacia el sudoeste. El mejor lugar para colocar un televisor es al noroeste de la cama y orientado hacia el sudeste. Esta es la ubicación en la que causará menos daño a la relación entre la pareja que duerme en la habitación.

Si no puede prescindir del televisor en el dormitorio o si vive en un estudio, coloque el televisor en el noroeste del cuarto.

Coloque el televisor al noroeste orientado hacia el sudeste.

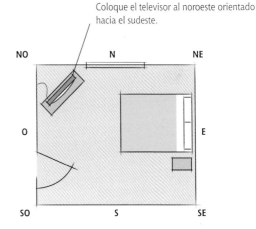

PREGUNTA Y RESPUESTA

¿Cómo puedo hacer más yin mi habitación?
Mi pareja se empeña en usar el ordenador portátil en el dormitorio.

No se trata de hacer más yin su habitación, sino de hacerla menos yang. Mantenga la habitación tranquila y decórela con colores apacibles. Elija tonos oscuros en contraposición a los tonos pastel brillantes y use una iluminación suave y cálida.

17 Cómo neutralizar los lavabos del hogar

Lo mejor es que los lavabos sean pequeños y discretos, dado que afectan a la suerte de los rincones que ocupan y evacuan la felicidad conyugal y la suerte en el ámbito económico del hogar. En realidad, no hay ningún lugar «adecuado» para instalar un cuarto de baño en casa. Antiguamente, los hogares ricos no tenían aseos, ya que cada día se llevaban a la casa los utensilios necesarios, que se limpiaban posteriormente. Se traían del exterior incluso las bañeras, que se sacaban una vez usadas. En los hogares de menos recursos, los aseos también se construían separados de la casa.

Cómo resolver problemas

En los hogares modernos, lo mejor para garantizar que los cuartos de baño no traen mala suerte es no potenciar el *chi* del interior del aseo, por lo que los baños pequeños son la mejor opción, ya que sólo ocupan un pequeño espacio de las esquinas que traen suerte al hogar. Además, hay que neutralizar sistemáticamente la energía *chi* perniciosa presente en todos los cuartos de baño de la casa.

Las soluciones son sencillas y su objetivo es agotar la energía *chi* del interior de los lavabos. Para empezar, use una brújula para determinar la orientación de los lavabos de su casa y a continuación:

Compruebe la ubicación del lavabo y su solución elemental.

- Coloque energía tierra, como una vasija de cerámica vacía, en los lavabos ubicados al sur de su hogar.

- Coloque energía madera, como plantas que crezcan, en los que estén situados al norte.

- Coloque energía agua, como un ornamento que contenga agua, en los que estén al oeste y al noroeste.

- Coloque energía fuego, como una lámpara de lava roja, en el interior de los que se hallen al este o al sudeste.

- Coloque energía metal, como un cuchillo curvado, en los que se encuentren al sudoeste o el nordeste.

PROYECTO

Simbolismo del fuego

Para introducir el elemento fuego en un lavabo necesita algo rojo, el color del fuego. También puede utilizar cualquier cosa roja triangular, ya que el triángulo es la forma asociada al elemento. Una lámpara de lava roja añade energía yang, ya que la luz se mueve constantemente.

Las mesas de comedor redondas proporcionan comidas armoniosas

18

A la hora de elegir una mesa auspiciosa para el comedor, conviene saber que según el feng shui todas las formas comunes (cuadrada, rectangular, redonda o incluso la forma octogonal Pa Kua) son auspiciosas. Además, cada una de las formas básicas simbolizan uno de los cinco elementos chinos, y la cuadrada (tierra), la rectangular (madera) y la redonda (metal) son las más adecuadas para las mesas de comedor. La forma que corresponde al elemento fuego es la triangular, mientras que la que corresponde al agua es la ondulada.

El círculo armonioso

Los chinos siempre se han decantado por las mesas de comedor redondas porque es la forma más indicada para gozar de comidas armoniosas. Si la mesa tiene un borde curvado, los familiares discuten menos. Por otro lado, las mesas redondas tampoco tienen aristas que afecten a la armonía del hogar. De hecho, en los comedores chinos no suele haber más que una mesa redonda y, cuanto más grande sea la mesa, más auspiciosa se supone que es. Además, sus mesas suelen ser de madera de la mejor calidad y acostumbran a tener grabada una serie de símbolos auspiciosos o bien frutas, plantas

Una mesa de comedor circular simboliza el *chi* celestial y las relaciones armoniosas.

o flores presentes en todas las estaciones para simbolizar la abundancia auspiciosa a lo largo de todo el año.

El círculo también es un símbolo especial que representa el *chi* celestial, con lo cual existen menos posibilidades de que la energía adquiera un carácter dañino y se garantiza que la autoridad del padre sea respetada. Los familiares que coman alrededor de una mesa redonda gozarán de una buena relación. Para asegurar un buen feng shui, tanto individual como colectivo, cada comensal debería sentarse a la mesa según la orientación personal que más le convenga. Use la fórmula Kua para establecer las orientaciones ideales de cada uno (léase el consejo 19) y optimizar su suerte cada vez que se sienten juntos a comer en la mesa. Elija el *nien yen*, o la orientación familiar, correspondiente a cada persona que viva en la casa.

¿Qué elemento corresponde a su mesa?

Una mesa rectangular simboliza el elemento madera.

Una mesa cuadrada simboliza el elemento tierra.

Una mesa circular simboliza el metal y es la forma más favorable para una mesa según el feng shui.

19 Siéntese según su orientación *nien yen* para mejorar la armonía familiar

Siéntese orientado según su *nien yen* para una mayor unidad familiar.

Calcule su orientación *nien yen*

SU NÚMERO KUA	SU ORIENTACIÓN NIEN YEN	GRUPO ESTE U OESTE
1	Sur	Este
2	Noroeste	Oeste
3	Sudeste	Este
4	Este	Este
5*		Oeste
6	Sudoeste	Oeste
7	Nordeste	Oeste
8	Oeste	Oeste
9	Norte	Este

* En caso de obtener el número Kua 5, las mujeres deben ver el número 8 y los hombres el 2.

La orientación en la que nos sentamos puede originar conflictos en las relaciones si elegimos una que perjudique a los individuos en vez de beneficiarlos. Si quiere encontrar la mejor fórmula para lograr que todos los habitantes de la casa obtengan una energía alegre y armoniosa, lo mejor es aprender la fórmula Kua. Una vez haya calculado su número Kua, puede determinar su orientación familiar personalizada. Esa es su orientación *nien yen*. Sentarse según dicha orientación traerá armonía a todas sus relaciones. También garantiza que la unidad familiar se mantenga feliz e intacta. Elija un lugar para cada miembro de la familia alrededor de la mesa para que cada uno esté orientado según su *nien yen*. Calcule su número Kua y averigüe su orientación *nien yen* según las directrices siguientes.

Cómo calcular su número Kua

Las orientaciones con buenos y malos augurios de todo el mundo se basan en su sexo y su fecha de nacimiento, datos a partir de los cuales puede calcular su número Kua. En total hay 9 números Kua, cada uno de los cuales corresponde al grupo de orientaciones del este o del oeste. Para calcular su número Kua, siga estos pasos:

1 Anote los dos últimos dígitos de su año de nacimiento y súmelos hasta obtener un resultado de una sola cifra. En el caso de que haya nacido en enero, deberá realizar un ajuste debido al año lunar y restar un año a su año de nacimiento antes de aplicar la fórmula.

2 A continuación, si es usted un hombre, reste el número que haya obtenido al 10 y el resultado será su número Kua. Si es usted mujer, sume 5 al número obtenido para calcular su número Kua.

3 Si es preciso, reduzca el resultado a un solo dígito.

Ejemplo: para una mujer nacida en el 1970:

$7 + 0 = 7$; y como las mujeres suman 5, $7 + 5 = 12$;

$1 + 2 = 3$, así que el número Kua es el 3.

Los lavabos cerca de la puerta principal traen montones de problemas

20

Si tiene un lavabo ubicado cerca de la puerta principal, ya sea directamente junto a ella o en el piso superior, justo sobre ella, la buena suerte abandonará su hogar. Esta disposición puede hacer tremendamente infeliz a la familia, ya que se producirán malentendidos entre los padres y entre padres e hijos. La familia será sencillamente incapaz de vivir en paz y armonía en cuanto estos conflictos se hagan patentes. Además, cuando la energía *chi* correspondiente al año y el mes sea dañina, los efectos perniciosos de ambos problemas se sumarán y la situación se deteriorará más si cabe.

Soluciones para el lavabo

La solución para un lavabo mal ubicado es mantenerlo siempre cerrado. Los lavabos situados sobre la puerta principal traen una mala suerte funesta a todo el hogar, y para contrarrestar sus efectos negativos necesitará colocar una iluminación muy intensa en el techo para elevar el *chi* simbólicamente. Sin embargo, si el problema resulta ser excesivamente grave, podría no quedarle más alternativa que reubicar el lavabo en otra parte de la casa.

La ubicación de los lavabos de la planta baja afecta a la suerte de su hogar.

Problemas con el lavabo

Los lavabos orientados directamente hacia la puerta provocan que la energía que entre en el hogar se transforme en energía negativa. Además, según la relación entre los puntos cardinales que ocupen la puerta y el lavabo, este último afectará a la suerte de los distintos modos que incluimos a continuación:

- Si el lavabo está al sudeste de la puerta, se verá afectada la suerte en el dinero.
- Si está al norte de la puerta, perjudicará a la suerte en nuestra carrera.
- El amor se esfuma si el lavabo está al sudeste de la puerta.
- La suerte de la descendencia se resiente si está al oeste de la puerta.
- La suerte con nuestros clientes sufrirá reveses si está al noroeste de la puerta.
- La suerte del padre empeorará terriblemente si se encuentra al noroeste de la puerta.

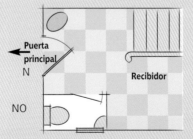

Este lavabo está ubicado al noroeste de la puerta principal, lo que significa que le costará encontrar clientes, inversores o mentores.

- La suerte de la madre quedará perjudicada si el lavabo está al sudoeste de la puerta.
- La salud de los habitantes de la casa se resentirá si el lavabo está al este de la puerta.
- El buen nombre de la familia perderá enteros si está al sur de la puerta.
- La suerte de los niños empeorará si el lavabo está al nordeste de la puerta.

21 Los lavabos situados en cualquier otro lugar de la casa traen problemas

• **Norte** Los lavabos ubicados en la zona norte del hogar ocasionan problemas con los compañeros de trabajo y con los jefes. También crean bloqueos y ponen obstáculos en nuestra carrera profesional. La solución es colocar una gran roca en el interior del lavabo. Mantenga la puerta cerrada en todo momento y no decore el cuarto con elementos azules ni negros.

• **Sur** Los lavabos situados en la zona sur de la casa provocan chismorreos y ataques por la espalda. Las personas que vivan en la casa serán víctimas de calumnias y el buen nombre de la familia quedará comprometido. La solución es poner una urna de agua dentro del lavabo e iluminarlo con una luz suave.

• **Este** Los lavabos en esta situación harán que los hijos de la familia sean rebeldes. Si la familia no tiene hijos, las posibilidades de tener uno desaparecerán por este motivo. La salud de los habitantes también se verá perjudicada. La solución es instalar una luz brillante dentro del lavabo.

• **Oeste** Los lavabos situados en la parte occidental del hogar darán problemas a los hijos de la familia. Si no tiene hijos, pronto descubrirá que su suerte para concebirlos se verá

afectada, por lo que le costará tener uno. La solución es colocar un cuadro con un motivo con agua, como un lago o unas cataratas, en el interior del lavabo.

• **Sudoeste** Los lavabos colocados al sudoeste de la casa tendrán un efecto negativo sobre los hijos solteros de la pareja que vivan en la misma casa. También afectarán a la relación entre marido y mujer. Ponga flores y plantas en el interior del lavabo. No coloque jarros de cristal ni de cerámica.

• **Nordeste** Los lavabos de la zona nordeste afectan a la concentración de los niños y les dificulta estudiar en casa. La solución es poner plantas en el lavabo para que neutralicen la energía negativa que se haya creado. Decore el cuarto con baldosas verdes.

• **Sudeste** Los lavabos instalados en la zona sudeste del hogar provocan pérdidas financieras, la ralentización de los negocios y la reducción de los beneficios. Siempre parecerá que falte dinero. La solución es colgar una pagoda de cinco varas con un pequeño carillón o un cuchillo curvado. Use baldosas blancas en la decoración.

• **Noroeste** Los lavabos en la zona noroeste de la casa menoscaban la figura del padre y afectan a la cooperación. A todos los habitantes de la casa les costará tomar la iniciativa. La solución es instalar luces brillantes y mantenerlas encendidas un mínimo de tres horas diarias para acabar con los efectos negativos.

Una pagoda de cinco varas protege contra las pérdidas económicas que produce un lavabo al sudeste de la casa.

Al comprobar la ubicación de su lavabo, tenga en cuenta la zona que ocupa toda la estancia y no sólo la que contiene el inodoro.

Las cocinas a la derecha de la puerta principal causan fricciones familiares

22

Otro problema de feng shui que origina amargas discusiones entre los miembros de la familia es el derivado de que la cocina esté a la derecha de la puerta de entrada según se entra en la casa. La energía *chi* que se acumula en la casa con el tiempo puede provocar graves conflictos familiares, sobre todo si se trata de una familia rica y hay que repartir dinero entre los hijos. Cualquier herencia desencadenará discusiones, que también se producirán aunque los padres estén vivos.

El problema de las cocinas situadas en el noroeste

Las cocinas tampoco deben situarse en la parte noroeste de la casa, ya que ello podría ocasionarle desgracias graves y pérdidas económicas al cabeza de familia. A veces, una cocina situada en esa ubicación puede incluso provocar un incendio en la casa.

Las cocinas al noroeste o a la derecha de la puerta principal pueden provocar problemas de dinero.

La situación de la cocina debe decidirse con gran cuidado, ya que una cocina mal colocada es uno de los problemas de feng shui más difíciles de solucionar. Colocar una urna de agua estancada podría ayudar, pero sólo sirve como medida temporal.

PREGUNTA Y RESPUESTA

Vivo en un apartamento de alquiler y la cocina está en el noroeste. ¿Debo mudarme?

No. Pruebe a separar el horno de la esquina noroeste de la cocina para no tener energía fuego, representada por el horno, en ese rincón. Si no puede hacerlo, coloque una urna de agua estancada (yin) junto al horno.

23 Repare su casa completamente cada año

El mantenimiento de la casa es tan importante para protegerse contra el mal feng shui como crear un espacio cómodo en el que vivir. Una de las actividades más cruciales que necesita hacer todos los años es identificar sistemáticamente todos los objetos e instalaciones que precisan reparaciones, sustitución o una actualización. Por este motivo debe reparar todas las cañerías que goteen o estén oxidadas; cambie los enchufes gastados; arranque los clavos innecesarios de las paredes de la casa; rellene los agujeros que queden tras arrancar los clavos; pode los árboles y los arbustos de todo el jardín y límpielo de malas hierbas. Las personas que vivan en climas cálidos deben tener especial cuidado con árboles como la higuera, cuyas raíces pueden penetrar bajo los cimientos de su casa y causar conflictos en el hogar sin que se den cuenta de ello.

Renueve el *chi* de su hogar

Todas las cañerías y los cables rotos o dañados deben ser reparados, ya que, si no, crean obstáculos para obtener éxito en la vida y originan discusiones y conflictos entre los familiares. Si quiere que su casa sea feliz y pacífica y desea que la energía en su interior sea armoniosa, es vital que mantenga el *chi* fresco en todo momento.

Con el mismo fin, debe tirar los vasos rotos o descantillados y restaurar, tirar o guardar en el altillo las vasijas, los jarrones e incluso los cuadros dañados. Da muy malas vibraciones mostrar cualquier elemento decorativo estropeado o roto.

No conserve cristalería ni cubiertos en mal estado y repare los escapes y los atascos para evitar la acumulación de *chi* negativo y atascado que pueda entorpecer las relaciones familiares.

El mal *chi* intangible puede desencadenar conflictos   24

El feng shui físico no cubre más que la mitad del asunto. Para que las soluciones aplicadas sean realmente efectivas, hay que ir más allá de limitarse a reparar los problemas físicos de feng shui en el interior de su hogar. Este conocimiento nos lleva al reino cambiante de los patrones de energía que influyen sobre nosotros. Estas fuerzas se describen en las distintas fórmulas de feng shui, que nos permiten dibujar mapas de la fortuna y cuadrículas feng shui de casas.

Estas cuadrículas revelan secretos que nos indican la manera de mejorar nuestra buena suerte y minimizar la mala fortuna. La eficacia manifiesta de las cuadrículas feng shui ha asombrado a cada vez más gente a lo largo de los últimos años. Muchas personas descubren que casi todo el mundo puede aprender a interpretar las cuadrículas feng shui y usar las más relevantes para mejorar sus perspectivas y disfrutar de un estilo de vida más feliz.

En feng shui, la energía da una vuelta a la tierra en ciclos, o períodos, de 20 años.

Movimientos físicos de energía

Las distintas cuadrículas feng shui muestran cómo se distribuye la energía en las distintas partes de la casa de un período al siguiente. Esta energía es el *chi* invisible que puede traer buena suerte o mala fortuna de un modo cíclico. Esta energía *chi* invisible pasa de ser positiva a ser negativa y viceversa según los períodos de tiempo, que se expresan como meses, años y períodos de 20 años. Imagine estos períodos como movimientos cíclicos de energía que rotan continua y simultáneamente. Así pues, en cada momento concreto, las energías diarias, mensuales, anuales y periódicas se agrupan para crear patrones y concentraciones distintas de buena y mala suerte.

Por este motivo, los problemas, ya sea en forma de enfermedades, pérdida de ingresos, accidentes, problemas laborales y todo tipo de infortunios, se pueden manifestar en el espacio físico a causa, simplemente, del paso del tiempo. Una vez sepa cómo identificar estos causantes cíclicos de mala suerte y aprenda a protegerse de sus efectos perniciosos, potenciará al máximo su práctica del feng shui.

Un cambio en el período del tiempo también influye en el inconsciente colectivo. En el período 7 que acabamos de dejar, la prioridad era la búsqueda de riqueza, y en el actual período 8, verá que todos nos volvemos más introspectivos, buscamos relaciones y cuidamos más de la salud. Esto es porque el período 8 está regido por el trigrama Ken, que representa la montaña, que tradicionalmente simboliza la salud y las relaciones.

Con el paso del tiempo, la energía *chi* mundial cambia, lo cual afecta a la suerte de su hogar.

25 La energía débil crea el síndrome negativo

La clave para usar las cuadrículas feng shui es aprender a diferenciar los distintos tipos de energía dañina. No es lo mismo una energía *chi* débil que una energía *chi* asesina, ya que, aunque también pueda causar enfermedades y conflictos a los que viven en su hogar, la primera no es, ni mucho menos, tan perniciosa como la segunda. El sistema de orientaciones nos ofrece métodos para identificar los rincones de la casa que adolecen de una energía débil mediante un sistema de códigos que emplean números para revelar el estado de la energía. Los números del 1 al 9 representan distintos tipos de energía, tanto positiva como negativa. Además, también existen combinaciones de números relacionadas con las distintas partes de la casa que proporcionan más información si cabe sobre la energía *chi* de cada lugar.

Aprender a interpretar las cuadrículas y los mapas de fortuna feng shui que se obtienen aplicando las distintas fórmulas no es complicado. Si sigue nuestros consejos paso a paso, pronto será capaz de identificar los planos feng shui y el mapa de fortuna que más convengan a su hogar.

Matices de la energía

Antes de dedicarnos a las cuadrículas propiamente dichas, resultará útil entender los matices de la energía. Conviene tener presente que la energía débil provoca vulnerabilidad a las enfermedades y los pequeños accidentes y una falta de fuerza. Sentirá apatía y cansancio crónico, y debe tener presente que en este caso la debilidad de la energía no es culpa de las estructuras físicas de su hogar, sino del paso del tiempo.

Así pues, es conveniente identificar las partes de su casa que adolecen de la debilidad de la energía en cualquier año o mes concreto. Una vez identifique el punto con el *chi* débil, es fácil fortalecerlo mediante las soluciones terapéuticas de los cinco elementos. Para detectar la energía débil en un hogar, use una de las soluciones basadas en la orientación: la cuadrícula anual de conflictos en la estrella volante (véase el consejo 43).

Un hogar con un *chi* positivo equilibrado rara vez presencia el menor accidente causado por la falta de energía.

La energía muerta causa el síndrome del fracaso   26

La energía muerta frena en seco nuestra sensación de crecimiento. Se la suele identificar con la parte de la casa afectada por la energía *chi* de la mala suerte, descrita mediante la fórmula Kua de las ocho mansiones feng shui (consulte el consejo 19). Según este método basado en la orientación, existen ocho tipos de casa según su orientación, partiendo de la cual se pueden dibujar mapas de ocho mansiones. Así pues, existen ocho tipos de mapa de la suerte, y la localización del sector con mayor tendencia a contener «energía muerta» se describe en la tabla adjunta. Use la cuadrícula para situar esa zona en su hogar y, a continuación, aplique el método aconsejado para transformar la energía *chi* de modo que beneficie a la gente que esté en ese sector.

Detecte el sector de "energía muerta" de su hogar

ORIENTACIÓN DE LA CASA	SECTOR CON ENERGÍA MUERTA	MEJOR MÉTODO PARA TRANSFORMAR LA ENERGÍA
Sudeste	Oeste	No haga nada
Sur	Sudoeste	Coloque una gran planta en el sudoeste
Sodoeste	Sur	Coloque una urna con agua en el sur
Este	Noreste	Coloque una gran planta en el noreste
Oeste	Sudeste	No haga nada
Noroeste	Este	No haga nada
Norte	Noroeste	No haga nada
Noroeste	Norte	Coloque una gran planta en el noreste

Cómo usar la luz como solución

Si el sector «no existe» debido a la forma de la casa, la energía muerta está fuera de la casa, en cuyo caso resultaría beneficioso colocar una luz brillante en el punto afectado. Este problema no es tan importante como si el lugar afectado estuviera dentro de la casa.

Cómo transformar la energía muerta

A menos que la energía muerta se transforme, los habitantes de la casa que vivan en esa parte sufrirán el síndrome del fracaso. Les costará tener éxito en todo lo que se propongan hacer. La energía muerta les privará del vigor. Así pues, haga un esfuerzo para identificar el lugar en el que se sitúa el *chi* intangible muerto basándose en la cuadrícula.

Tenga en cuenta que, si según otras fórmulas de feng shui el sector afectado tiene buenas estrellas voladoras, por ejemplo, las estrellas bastarán para cambiar la energía de negativa a positiva. Sin embargo, si las estrellas traen energía negativa, el efecto dañino se verá incrementado sustancialmente.

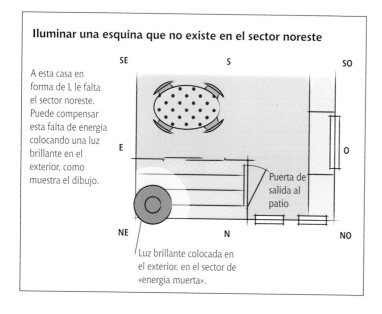

Iluminar una esquina que no existe en el sector noreste

A esta casa en forma de L le falta el sector noreste. Puede compensar esta falta de energía colocando una luz brillante en el exterior, como muestra el dibujo.

SE   S   SO

E   O

NE   N   NO

Puerta de salida al patio

Luz brillante colocada en el exterior, en el sector de «energía muerta».

27   La energía asesina causa accidentes e infortunios

Lógicamente, la energía *chi* intangible asesina suele ser muy perjudicial y, a menos que sea consciente del problema y del lugar afectado de la casa, desconocerá las causas de la mala suerte de los que vivan en ella. La energía asesina provoca infortunios graves que, a veces, pueden llegar a ser fatales. En muchos hogares, la energía asesina se puede neutralizar sin que los residentes lleguen a ser conscientes de ello porque el método adecuado para transformar la energía asesina no es muy complejo.

Sin embargo, si es consciente de lo que debe hacer, los efectos de la solución serán mucho más directos y su vida será considerablemente más tranquila. Así pues, con la ayuda de la tabla siguiente, compruebe la orientación de su casa y luego busque en la tercera columna qué debe hacer para neutralizar la energía asesina del sector afectado.

Colocar una luz brillante para contrarrestar la energía asesina puede ser más funcional que decorativo.

Detecte el sector con «energía asesina» de su hogar

ORIENTACIÓN DE LA CASA	SECTOR CON ENERGÍA ASESINA	MEJOR MÉTODO PARA TRANSFORMAR LA ENERGÍA
Sudeste	Sudoeste	Coloque una urna con agua en el sector
Sur	Oeste	Instale una luz brillante en el sector
Sudoeste	Sudeste	Instale una luz brillante en el sector
Este	Noroeste	Instale una luz brillante en el sector
Oeste	Sur	No haga nada
Nordeste	Norte	No haga nada
Norte	Nordeste	Coloque una urna con agua en el sector
Noroeste	Este	Instale una luz brillante en el sector

La energía negativa precisa una luz brillante 28

La energía negativa necesita ser revitalizada, transformada o, como mínimo, permanecer bajo control. Cuando la energía *chi* es grave y activa, transformar su naturaleza es la mejor manera de ocuparse de ella. Sin embargo, si la energía negativa está estancada, debe ser revitalizada. Los dos métodos empleados para conseguirlo no son muy diferentes y, si no sabe con certeza si la parte de su casa que ocupa su habitación está vacía de energía positiva y vibrante, lo mejor es introducir energía yang en ella instalando una luz brillante en su interior.

No se arriesgue

Hacer brillar una luz intensa en cualquier parte de la casa obrará maravillas para ese lugar, independientemente del tipo de energía negativa que le afecte. Yo casi siempre dejo al menos una luz encendida en cada planta de mi hogar. Por la noche, cuando la energía *chi* se convierte en yin, es extremadamente beneficioso contrarrestarla con una luz brillante. Así pues, si le cuesta recordar el rincón de su casa que precisa remedios contra el *chi* negativo, siempre resulta interesante aplicar la efectiva panacea consistente en dejar una luz encendida. Tenga presente que, en el feng shui, las luces representan la energía yang, por lo que asegurar la presencia de energía yang durante la noche garantizará un equilibrio estable en la casa.

PROYECTO

Iluminación feng shui

Lámparas de mesa de base redonda
Una lamparita de base redonda es excelente porque su forma denota un ciclo inacabable de buena suerte. Elija una base de color rojo dado que es un color yang auspicioso.

Focos
Los focos son extremadamente útiles si iluminan directamente la pared sur de una habitación. Sin embargo, ponga una atención extrema en que sus focos no

sean demasiado intensos para que no creen una energía excesiva.

Lámparas de oficina
Elija una lamparita con un haz de luz amplio, de manera que ilumine una mayor cantidad de espacio, ya que así da la bienvenida al *chi* positivo.

Arañas de cristal
Una de las pocas excelentes fuentes universales de energía. Los cristales de la araña reflejan la luz, y le añaden brillo y calidez. Cuelgue una de ellas en el rincón sur de cualquier habitación para aumentar sus posibilidades de lograr fama.

Mantenga su casa bien iluminada en todo momento, sobre todo de noche, para protegerla de la energía negativa.

29 Cambiar los muebles de lugar energetiza la casa

Además de usar las luces (léase el consejo 28), hay otros modos de devolver la energía a los hogares que, por cualquier motivo, estén estancados y agotados. Si sospecha que la energía *chi* de una habitación, o incluso de toda la casa, sufre algún problema, el mejor modo de ocuparse de ello es recargar la energía antes de intentar descubrir cuál es el motivo de que la casa tenga ese conflicto. Es importante tener presente que, si bien aprender y usar las técnicas del feng shui es beneficioso, también lo es usar el sentido común, confiar en sus instintos y solucionar los problemas físicos que tenga su hogar antes de tratar de desentrañar el motivo exacto del problema.

Cómo desplazar la energía

El diagnóstico de un problema de feng shui puede llevar su tiempo, así que, mientras tanto, debería seguir adelante y recargar la energía de su espacio. Para hacerlo, desplace la energía abriendo puertas y ventanas, sacudiendo las alfombras y las cortinas y moviendo todo el mobiliario unos 45 cm. De este modo obligaremos a la energía ubicada en este espacio a moverse. Además, encienda todas las luces, ponga en marcha los ventiladores si dispone de ellos y, si le apetece, pinte las paredes.

Ordenar

Este ejercicio de recarga de la energía lleva implícito una limpieza de cosas que no deseemos conservar y del polvo y los papeles que se hayan acumulado, por lo que la recarga de la energía es una actividad visible y física. A la hora de emprender este ejercicio, sentirá que la energía del espacio aumenta, debido a que se estará desprendiendo de la energía estancada a la vez que proporcionará nuevas energías a las superficies de su hogar. Evidentemente, este remedio no es más que temporal, pero le ofrecerá una nueva energía yang que alegrará su espacio y su ánimo.

Dé un nuevo impulso energético a su hogar moviendo todos los muebles al menos 45 cm desde su emplazamiento original y abra las ventanas.

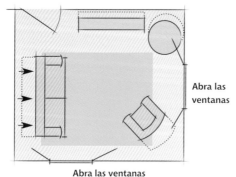

Abra las ventanas

Abra las ventanas

La brújula Lo Pan detecta la energía intangible   30

Dedique tiempo a estudiar métodos para detectar la energía positiva y la negativa presentes en su hogar. Es una habilidad que merece la pena aprender y requiere el uso de una brújula, ya que, como los métodos empleados para localizar los sectores más afortunados de nuestros hogares se expresan como puntos cardinales, es realmente imposible entrar a fondo en la materia sin usar una brújula para determinar nuestra posición. Es especialmente importante hacerlo con precisión, ya que el feng shui no sólo divide la orientación en ocho puntos cardinales, sino que cada uno de ellos se divide en tres puntos más, con lo que se obtiene un total de 24.

PREGUNTA Y RESPUESTA

¿Qué son las 24 montañas de la brújula?

Las 24 montañas son el nombre colectivo que reciben las 24 divisiones de la brújula. Los mapas de la estrella volante del feng shui se dibujan basándose en estas 24 direcciones o «montañas», cada una de las cuales abarca 15 grados de la brújula. La energía *chi* es diferente en cada una de ellas, según la edad y la orientación de la casa.

La brújula Lo Pan

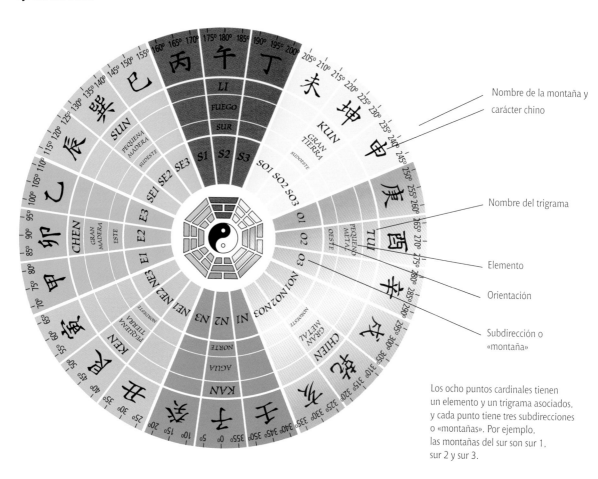

Nombre de la montaña y carácter chino

Nombre del trigrama

Elemento

Orientación

Subdirección o «montaña»

Los ocho puntos cardinales tienen un elemento y un trigrama asociados, y cada punto tiene tres subdirecciones o «montañas». Por ejemplo, las montañas del sur son sur 1, sur 2 y sur 3.

31 El estudio del feng shui de la estrella volante

Los fundamentos del feng shui de la estrella volante son la orientación de su casa y la cuadrícula natal de la estrella volante asociada (véase debajo).

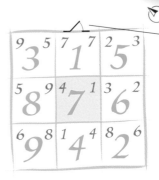

La puerta en el cuadro central superior indica la orientación de su casa. Colóquese frente a su puerta principal con la cuadrícula apuntando hacia ella para orientarse con facilidad.

Este método basado en la brújula ofrece las dimensiones añadidas del tiempo y los períodos a la práctica del feng shui. Nos permite identificar los distintos tipos de energía intangible que impactan constantemente en la salud y la suerte de las estructuras físicas, ya sean hogares u otro tipo de edificios. Aprender acerca de la estrella volante aporta una nueva perspectiva a la práctica del feng shui y, debido a que su enfoque es técnico, es más fácil de aprender y enseñar.

Cómo usar las cuadrículas

El feng shui de la estrella volante corrige la energía *chi* estudiando cuadrículas basadas en la antigüedad del edificio y su orientación. La clave es identificar la cuadrícula de la estrella volante adecuada al hogar que está analizando. El método requiere el análisis de los números en los nueve sec-

tores de cada cuadrícula concreta. Si superponemos la cuadrícula de la estrella volante sobre su hogar usando las orientaciones como guía, podremos estudiar sistemáticamente la calidad y la cantidad de suerte presente en cada rincón de su casa. De este modo, podemos suprimir cualquier rastro de energía negativa intangible y, del mismo modo, podemos habilitar la energía positiva.

La práctica de la estrella volante exige un conocimiento profundo de los fundamentos del feng shui. Concretamente, precisa un conocimiento exhaustivo de los cinco elementos: qué son, qué significan y sus atributos asociados (véase página 9). En los textos antiguos sobre el feng shui de la estrella volante, la teoría de los cinco elementos siempre se cita como la base para encontrar soluciones a los problemas y potenciar la energía.

La numerología para la estrella volante 32

Hay que tener presente que las «estrellas» del feng shui de la estrella volante son números, y el sistema de la estrella volante no es más que el estudio de la numerología aplicado al feng shui. Los números de una cifra tienen buenas y malas connotaciones así como significados que auguran buenos y malos presagios. Las combinaciones de números tienen implicaciones más profundas referidas a la buena y mala suerte, la felicidad y las desgracias. Además, según el número de cada una de las «estrellas» de la riqueza o la relación, se puede conocer la suerte potencial en cada uno de estos ámbitos. Los números poseen distintas fuerzas, distintas potencias e incluso distintos significados durante distintos períodos de tiempo. Para practicar la estrella volante con eficacia y a un alto nivel, debe familiarizarse con los significados que se asignan a cada número y también debe tener presente su fuerza relativa a lo largo de distintos períodos de tiempo. Actualmente nos encontramos en el período 8, que comenzó el 4 de febrero de 2004 y durará hasta el año 2024, un período de 20 años. Así pues, nos hallamos en una época excelente para añadir la dimensión «tiempo» a su práctica del feng shui, dado que lo que haga durante los primeros años del período 8 puede ayudarle durante las dos décadas siguientes.

El significado de los números

Resulta útil tener presente los significados de los números de la estrella volante siguientes, dado que para identificar los números buenos y malos debe conocer el significado de los números del 1 al 9.

1. Los números 2, 3, 5 y 7 traen problemas. Tenga cuidado con estas cifras y coloque remedios donde convenga para contrarrestar sus efectos sobre el espacio que ocupen en su hogar.

2. Los números 1, 4, 6 y 8 son números auspiciosos que traen bonanzas y buena fortuna. El número que trae más suerte de los cuatro es el 8. De forma colectiva, los números 1, 6 y 8 se conocen como los números blancos, ya que traen buena suerte cualquiera que sea su ubicación. El número 4 trae suerte en el amor y en los estudios.

3. El número 9 es un número amplificador que potencia los efectos de los números positivos y negativos dondequiera que se encuentre.

Para el feng shui de la estrella volante sólo cuentan los números presentes en la cuadrícula de la estrella volante correspondiente a su hogar y no el número de su casa.

Los tres números de cada celda de una cuadrícula de la estrella volante se analizan para determinar si son de buen o mal agüero. Sin embargo, los números más bajos ejercen mayor influencia y son más importantes que los números altos.

5	9	9	5	6
6		2		
6	8	4	1	2
5		7		
1	4	8	3	3

33 Los períodos de 20 años expresados como período 7 y período 8

En el feng shui de la estrella volante tenemos presentes los ciclos de tiempo, que el calendario Hsia chino usa para expresar los cambios cíclicos de energía *chi* que afectan a todo el universo. Este calendario es ligeramente distinto al calendario lunar chino tradicional y usa el 4 de febrero como primero de año. Esta fecha también es la del *lap chun*, primer día de la primavera para los chinos.

Cada ciclo de tiempo está dividido en nueve períodos, cada uno de los cuales dura 20 años. Cada período ejerce una influencia distinta sobre la distribución de la energía en el mundo, con lo que también afecta al feng shui de las casas y los edificios. Cada período está gobernado por un número entre el 1 y el 9, así que cada ciclo temporal completo dura 180 años, dividido en nueve períodos de 20 años cada uno.

El período de la influencia del 7

El mundo acaba de completar el período del 7, que comenzó el 4 de febrero de 1984 y acabó el 3 de febrero de 2004. Durante el período del 7, el número 7 fue el número dominante en la suerte y fue un período durante el cual el oeste y el elemento metal dominaron la inclinación del feng shui de la conciencia mundial. Así pues, el dinero y la acumulación de riquezas fueron de especial relevancia durante el período del 7. También coincidió con el aumento de importancia de las mujeres en los puestos de trabajo más elevados y con una gran concentración de oportunidades de negocio en los sectores occidentales de los países. No debe sorprendernos que a lo largo del período 7 hayan aparecido en la zona occidental de los Estados Unidos muchos nuevos multimillonarios y negocios con beneficios astronómicos (como, por ejemplo, Bill Gates y los negocios de internet). Sin embargo, ese período ha terminado, por lo que el 7 ha dejado de ser un número auspicioso y ha pasado a ser débil y negativo.

El período de la influencia del 8

Actualmente estamos en el período del 8 y la energía *chi* del mundo se ha transformado en un período del elemento tierra dominado por el trigrama Ken, que representa la montaña, y se considera un período de introspección. A lo largo de los siguientes 20 años, por lo tanto, lo principal será la salud y las relaciones y, a medida que nos adentremos en el período, el dinero pasará a un segundo plano frente a otros aspectos más livianos de la vida, como el sentimiento de bienestar y felicidad y la resolución de los problemas de pareja. Esta transformación se hará cada vez más evidente en los próximos años.

En el calendario lunar chino, el año nuevo comienza el 4 de febrero o *lap chun*, el primer día de la primavera.

Cómo reconocer las cuadrículas de la estrella volante   34

Las cuadrículas de la estrella volante se aplican a todo tipo de edificios, ya sean casas, bloques de pisos, oficinas u otro tipo de propiedades, construidas y completadas o reformadas de modo general durante un período de 20 años. Las casas del período 7, por ejemplo, son las construidas o renovadas entre el 4 de febrero de 1984 y el 4 de febrero de 2004, los 20 años dominados por el número 7. Así pues, estos edificios se consideran edificios del período 7. Las casas que se hayan construido o renovado, así como las que se construyan o reformen, entre el 4 de febrero de 2004 y el 4 de febrero de 2024 serán casas del período 8. Se dice que las casas que pertenecen al período actual siempre tienen una energía mucho más vigorosa que las del período inmediatamente anterior, así que tienen mayores posibilidades de ser afortunadas y auspiciosas.

Las 24 direcciones

Hay un total de 16 cuadrículas que muestran la distribución de la suerte en 16 tipos distintos de casa. La clasificación de los hogares se basa en la orientación del edificio. Hay un total de 24 orientaciones posibles debido a las tres subdirecciones de cada una de las ocho direcciones que encontramos en una brújula. Así pues, encontraremos sur 1, sur 2 y sur 3, así como norte 1, norte 2 y norte 3. De este modo, cada uno de los puntos cardinales principales de 45° que aparecen en la brújula se dividen en tres subdirecciones, cada una de las cuales comprende 15°.

La esencia del feng shui basado en la brújula

Con el fin de clasificar las casas y los edificios, la fórmula de la estrella volante reconoce dos orientaciones posibles por cada uno de los puntos de la brújula. Así pues, las casas orientadas hacia el sur disponen de dos cuadrículas, una para las orientadas hacia sur 1 y otra para las orientadas hacia sur 2 y sur 3. Lo mismo ocurre para el resto de las ocho orientaciones principales, por lo que para cada período existen un total de 16 cuadrículas diferentes basadas en 16 tipos de casa. La distribución de la energía de la suerte es distinta para cada casa, y cada una de ellas tiene rincones afortunados, mientras que otros son conflictivos. Una vez somos conscientes de ello, podemos po-

Todos los edificios tienen una orientación determinada por la brújula que es la base de su cuadrícula de la estrella volante.

tenciar o corregir la energía *chi* de las distintas habitaciones de la casa si esto fuera necesario. La esencia del feng shui basado en la brújula radica en este aspecto; por tanto, el primer paso que debe dar antes de usar la estrella volante para mejorar el feng shui de su hogar es familiarizarse con las cuadrículas y los números que en ellas se indican.

PREGUNTAS Y RESPUESTAS

¿Por qué hay solamente dos cuadrículas para tres orientaciones?

Porque las cuadrículas para la segunda y la tercera subdirección son idénticas. Por ejemplo, existe una cuadrícula para sur 1 y otra para sur 2 y sur 3 porque estas dos últimas son exactamente iguales. Así pues, las cuadrículas se denominan sur 1 y sur 2/3.

35 Cómo leer una cuadrícula típica de la estrella volante

Esta es una cuadrícula de la estrella volante típica. Consta de nueve casillas que representan los nueve cuadros del cuadro Lo Shu (la fórmula antigua hallada, según la mitología china, en el caparazón de una tortuga). En el interior de cada casilla hay tres números. El número más grande es la estrella del período y muestra el número del período en cada sector. En el cuadro central el número del período es el 7, así que sabemos que es una cuadrícula del período 7. En cada casilla, a la derecha de la estrella del período, encontramos un número más pequeño que representa la estrella del agua; y a la izquierda encontramos otra cifra que representa la estrella de la montaña. Esta disposición de las cifras se repite en todas las casillas.

Cómo revelan la fortuna los números

Los tres números nos indican algo sobre la suerte de la parte de la casa que se corresponda con ellos. Recuerde que en el feng shui de la estrella volante siempre se usa la brújula (véase consejo 30). Así pues, para conocer la fortuna del rincón noroeste de su hogar, tiene que usar la brújula para ubicar el

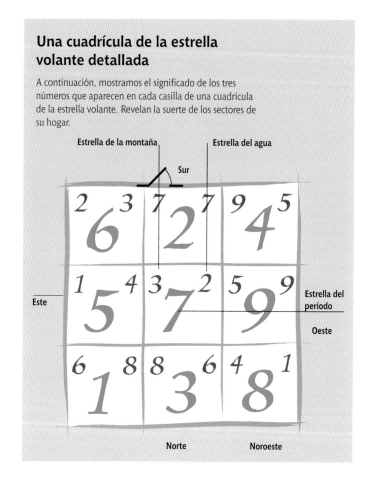

Una cuadrícula de la estrella volante detallada

A continuación, mostramos el significado de los tres números que aparecen en cada casilla de una cuadrícula de la estrella volante. Revelan la suerte de los sectores de su hogar.

noroeste, que en el caso de la cuadrícula que usamos como ejemplo será la esquina correspondiente al 8, un número muy afortunado. La estrella del agua es el 1 y, como el 1 también representa el agua, la estrella del agua es auspiciosa. Para activar esta suerte, coloque agua (como un lago, un estanque o un acuario) en este punto. La estrella de la montaña en el noroeste es el 4, que significa el éxito literario y educativo, y también es un número auspicioso. Se puede activar mediante un cristal.

Active la estrella de la montaña con un cristal de cuarzo natural.

Las estrellas del agua y las estrellas de la montaña 36

Los números indican si las estrellas del agua y de la montaña traen buena suerte o conflictos. Las estrellas del agua gobiernan la suerte en el dinero, la riqueza, los ingresos, el trabajo y el éxito material. Las estrellas de la montaña apuntan a las relaciones, la suerte en la salud y, en general, especifican si un hogar tiene o no una energía *chi* feliz y gozosa. En el período 7, la acumulación de riquezas gobernó la conciencia colectiva del mundo y, por lo tanto, se tendía a activar las estrellas del agua auspiciosas de cada casa. Así pues, el dinero y la riqueza eran las palabras mágicas del período 7 debido al trigrama dominante. Tui es el que corresponde al lago y el agua simboliza el dinero.

En el período 8, las estrellas de la montaña son mucho más fuertes porque en este período el trigrama dominante, Ken, corresponde a la montaña. Las estrellas de la montaña sugieren que se avecina una época de preparación en la que la meditación, la introspección y los objetivos menos materialistas van a cobrar cada vez más importancia. Por este motivo, en el período 8 percibirá que las relaciones y la sabiduría interior se enfatizarán cada vez más.

Saber cuáles son las estrellas del agua y de la montaña afortunadas en su hogar le permitirá identificar los sectores que debe activar con agua y los que debe energizar con cristales para mejorar su feng shui. De hecho, energetizar correctamente sus estrellas del agua y de la montaña es una forma tan poderosa de disfrutar de riqueza y suerte en las relaciones, que merece la pena hacer el esfuerzo de localizarlas.

El trigrama Tui (encima) significa «lago». Ken (debajo) significa «montaña».

37 Las cuadrículas de la estrella volante del período 7

A continuación, reproducimos las cuadrículas de la estrella volante del período 7 para permitirle analizar la distribución de la suerte en su casa, piso o despacho si fueron construidos o reformados entre el 4 de febrero de 1984 y el 3 de febrero de 2004. Aunque ya nos encontremos en el período 8, si su casa se construyó o se reformó de manera importante en el período 7, las cuadrículas de ese período son aplicables a su hogar. Lo más probable es que la mayoría de las casas pertenezcan al período 7. Recuerde que debe elegir la cuadrícula que corresponda a la orientación de su casa.

Usar la brújula

Use una brújula para identificar la cuadrícula aplicable a su casa. Recuerde que la orientación se mueve en el sentido de las agujas del reloj. Si su casa está orientada exactamente hacia el sur o el norte, sabe que apunta hacia el sur 2 o el norte 2. Si su casa está orientada ligeramente a la izquierda de sur 2, entonces apunta hacia sur 1; si lo hace ligeramente a la derecha de sur 2, está orientada hacia sur 3. Hay que tener presente que, a medida que nos adentremos en el período 8, todas las estructuras relacionadas con el período 7 perderán energía. A su vez, el número 7, que fue auspicioso durante el período 7, se ha transformado en una cifra fea y violenta. Así pues, tenga presente que las cuadrículas del período 7 que tienen un doble 7 en la parte delantera o trasera de la casa sufrirán conflictos durante este período del 8, con lo que será necesario aplicar los cambios precisos para transformar el edificio en uno del período 8.

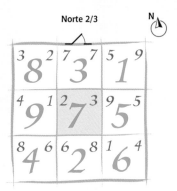

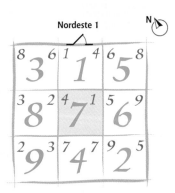

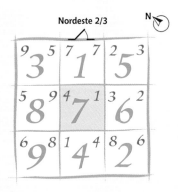

Este 1 — N

3 **1** 8	7 **5** 3	8 **6** 4
5 **3** 1	9 **7** 5	4 **2** 9
1 **8** 6	2 **9** 7	6 **4** 2

Sur 1 — N

2 **6** 3	7 **2** 7	9 **4** 5
1 **5** 4	3 **7** 2	5 **9** 9
6 **1** 8	8 **3** 6	4 **8** 1

Oeste 1 — N

2 **4** 6	7 **9** 2	6 **8** 1
9 **2** 4	5 **7** 9	1 **3** 5
4 **6** 8	3 **5** 7	8 **1** 3

Este 2/3 — N

6 **1** 2	2 **5** 7	1 **6** 6
4 **3** 9	9 **7** 5	5 **2** 1
8 **8** 4	7 **9** 3	3 **4** 8

Sur 2/3 — N

4 **6** 1	8 **2** 6	6 **4** 8
5 **5** 9	3 **7** 2	1 **9** 4
9 **1** 5	7 **3** 7	2 **8** 3

Oeste 2/3 — N

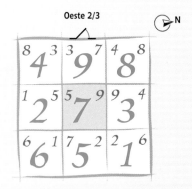

8 **4** 3	3 **9** 7	4 **8** 8
1 **2** 5	5 **7** 9	9 **3** 4
6 **6** 1	7 **5** 2	2 **1** 6

Sudeste 1 — N

1 **5** 8	9 **6** 7	4 **2** 2
5 **1** 3	8 **7** 6	2 **4** 9
3 **3** 1	7 **8** 5	6 **9** 4

Sudoeste 1 — N

5 **2** 9	7 **4** 7	3 **9** 2
9 **6** 5	1 **7** 4	2 **8** 3
8 **5** 6	4 **1** 1	6 **3** 8

Noroeste 1 — N

4 **9** 6	5 **8** 7	1 **3** 3
9 **4** 2	6 **7** 8	3 **1** 5
2 **2** 4	7 **6** 9	8 **5** 1

Sudeste 2/3 — N

6 **5** 4	7 **6** 5	3 **2** 1
2 **1** 9	8+ **7** 6+	5 **4** 3
4 **3** 2	9 **8** 7	1 **9** 8

Sudoeste 2/3 — N

6 **2** 8	4 **4** 1	8 **9** 6
2 **6** 3	1 **7** 4	9 **8** 5
3 **5** 2	7 **1** 7	5 **3** 9

Noroeste 2/3 — N

8 **9** 1	7 **8** 9	2 **3** 4
3 **4** 5	6 **7** 8	9 **1** 2
1 **2** 3	5 **6** 7	4 **5** 6

38 Las cuadrículas de la estrella volante del período 8

Las cuadrículas de la estrella volante para las casas del período 8 se reproducen a continuación (imagen de la derecha) para ayudar a aquellos de ustedes cuyas casas acaben de ser construidas o renovadas (después del 4 de febrero de 2004). Cuando las casas se reforman de modo general, se convierten en hogares del período actual, tras lo cual se pueden usar las cuadrículas del presente período para tener una idea de cómo se reparte la suerte en el interior de su hogar. Estas cuadrículas del período 8 también son útiles porque le permiten hacer una comparación con las casas del período 7 para ver qué cuadrícula le resulta más útil basándose en el modo en el que la disposición de su casa se ajusta en las cuadrículas de la suerte respectivas.

Tenga en cuenta que la energía *chi* de los hogares construidos en el período 8 tiende a congregarse alrededor de las casillas verticales de la cuadrícula. Esto favorece más a los hogares profundos que a los planos. Como regla general, es mejor tener una casa con una profundidad mínima de tres habitaciones.

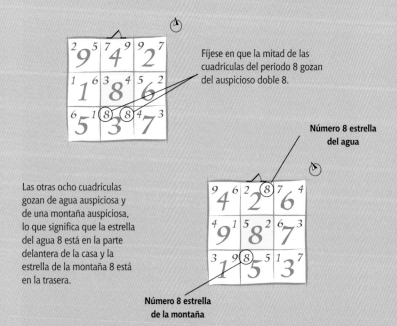

Fíjese en que la mitad de las cuadrículas del período 8 gozan del auspicioso doble 8.

Número 8 estrella del agua

Las otras ocho cuadrículas gozan de agua auspiciosa y de una montaña auspiciosa, lo que significa que la estrella del agua 8 está en la parte delantera de la casa y la estrella de la montaña 8 está en la trasera.

Número 8 estrella de la montaña

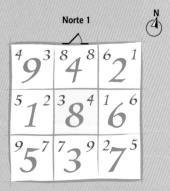

Norte 1

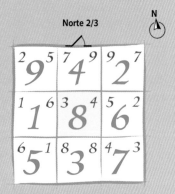

Norte 2/3

Nordeste 1

Nordeste 2/3

Este 1   N

⁴ ³ **2**	⁸ ⁸ **6**	⁹ ⁷ **7**
⁶ ¹ **4**	¹ ⁶ **8**	⁵ ² **3**
² ⁵ **9**	³ ⁴ **1**	⁷ ⁹ **5**

Sur 1   N

⁵ ² **7**	⁹ ⁷ **3**	⁷ ⁹ **5**
⁶ ¹ **6**	⁴ ³ **8**	² ⁵ **1**
¹ ⁶ **2**	⁸ ⁸ **4**	³ ⁴ **9**

Oeste 1   N

⁹ ⁷ **5**	⁴ ³ **1**	⁵ ² **9**
² ⁵ **3**	⁶ ¹ **8**	¹ ⁶ **4**
⁷ ⁹ **7**	⁸ ⁸ **6**	³ ⁴ **2**

Este 2/3   N

⁷ ⁹ **2**	³ ⁴ **6**	² ⁵ **7**
⁵ ² **4**	¹ ⁶ **8**	⁶ ¹ **3**
⁹ ⁷ **9**	⁸ ⁸ **1**	⁴ ³ **5**

Sur 2/3   N

³ ⁴ **7**	⁸ ⁸ **3**	¹ ⁶ **5**
² ⁵ **6**	⁴ ³ **8**	⁶ ¹ **1**
⁷ ⁹ **2**	⁹ ⁷ **4**	⁵ ² **9**

Oeste 2/3   N

³ ⁴ **5**	⁸ ⁸ **1**	⁷ ⁹ **9**
¹ ⁶ **3**	⁶ ¹ **8**	² ⁵ **4**
⁵ ² **7**	⁴ ³ **6**	⁹ ⁷ **2**

Sudeste 1   N

⁷ ⁵ **6**	⁸ ⁶ **7**	⁴ ² **3**
³ ¹ **2**	⁹ ⁷ **8**	⁶ ⁴ **5**
⁵ ³ **4**	¹ ⁸ **9**	² ⁹ **1**

Sudoeste 1   N

⁷ ¹ **3**	⁵ ⁸ **5**	⁹ ³ **1**
³ ⁶ **7**	² ⁵ **8**	¹ ⁴ **9**
⁴ ⁷ **6**	⁸ ² **2**	⁶ ⁹ **4**

Noroeste 1   N

⁹ ² **1**	⁸ ¹ **9**	³ ⁵ **4**
⁴ ⁶ **5**	⁷ ⁹ **8**	¹ ³ **2**
² ⁴ **3**	⁶ ⁸ **7**	⁵ ⁷ **6**

Sudeste 2/3   N

² ⁹ **6**	¹ ⁸ **7**	⁵ ³ **3**
⁶ ⁴ **2**	⁹ ⁷ **8**	³ ¹ **5**
⁴ ² **4**	⁸ ⁶ **9**	⁷ ¹ **1**

Sudoeste 2/3   N

⁶ ⁹ **3**	⁸ ² **5**	⁴ ⁷ **1**
¹ ⁴ **7**	² ⁵ **8**	³ ⁶ **9**
⁹ ³ **6**	⁵ ⁸ **2**	⁷ ¹ **4**

Noroeste 2/3   N

⁵ ⁷ **1**	⁶ ⁸ **9**	² ⁴ **4**
¹ ³ **5**	⁷ ⁹ **8**	⁴ ⁶ **2**
³ ⁵ **3**	⁸ ¹ **7**	⁹ ² **6**

51

39 Cómo identificar la cuadrícula para su hogar

Cada cuadrícula se basa en la orientación de la casa, por lo que, para identificar la cuadrícula correcta que debe aplicar a su hogar, lo primero que debe hacer es utilizar una brújula para determinar su orientación. A veces, determinar la orientación de una casa puede llegar a ser todo un reto, dado que las estructuras modulares o irregulares no tienen una dirección clara. Además, la orientación de la puerta principal no siempre coincide con la de la casa, por lo que deberá evaluar la orientación general con mucho cuidado (véase el consejo 40, a continuación). La cuadrícula de la estrella volante también depende de la antigüedad de su hogar, según su fecha de construcción o la fecha en la que se le practicaron reformas por última vez.

Cómo descubrir la distribución más afortunada

Hace unos años, el feng shui de la estrella volante estaba fuera del alcance de la mayoría de gente y no resultaba accesible más que para los viejos practicantes de esta técnica. En este libro he tratado de que todo resultara tan sencillo como fuera posible, de manera que lo único que tiene que hacer es encontrar la orientación correcta de su casa y, seguidamente, buscar entre las cuadrículas del período 7 u 8, reproducidas en este libro, la que sea aplicable a ella (consejos 37 y 38).

A continuación, use la cuadrícula para estudiar la distribución de la fortuna en el interior de su casa. A partir de ese momento, lo único que deberá hacer para conservar la fortuna de su hogar será aplicar los remedios de feng shui apropiados para resolver los conflictos que puedan causar mala suerte y potenciar el *chi* que trae buena suerte.

Tres métodos para actualizar su casa

Para obtener el máximo beneficio de la práctica del feng shui debe buscar la carta natal de su hogar basándose en el método de la estrella volante (consulte los consejos 34 y 35). Sin embargo, en primer lugar debe transformar su residencia en un hogar del período 8. Para lograrlo, deberá cambiar tres tipos de energía en su casa.

1. Cambie la energía celestial cambiando al menos una parte del tejado de su casa o, si vive en un piso, alguna parte de su techo.

2. Cambie la energía terrenal cambiando alguna parte del suelo.

3. Cambie su propia energía humana cambiando la puerta principal.

Actualizar su residencia para convertirla en un hogar del período 8 será extremadamente beneficioso porque con el paso al período 8 (que comenzó el 4 de febrero de 2004) todas las casas pueden perder vitalidad *chi* a menos que se revitalicen estas energías celestial, terrenal y humana. Si no lo hace, una gran desgracia podría comenzar a forjarse en su residencia, por lo que es mejor actualizar su casa y gozar de todos los beneficios del nuevo período del 8.

Puede transformar su piso en un edificio del período 8 sencillamente pintando los techos, lo que actualiza su energía celestial.

Identificar la orientación de su hogar 40

La orientación de su hogar no tiene por qué ser la misma que la de su puerta principal. En la mayoría de casas la puerta principal y la casa comparten la orientación, pero no por ello debemos pensar que siempre es así. Si tienen la misma orientación, siempre gozan de un mejor feng shui potencial y, si no, encontrar la dirección hacia la que se orientan precisará de un juicio correcto por su parte.

Para beneficiarse de las fórmulas basadas en la brújula, es preciso determinar la orientación de la casa correctamente y con exactitud.

Tomar una decisión

Observe su casa desde todos los ángulos posibles. Generalmente, su orientación resulta evidente a simple vista y disponemos de normas generales que le pueden ayudar a determinar la orientación de su casa. Pese a ello, algunas casas pueden suponer un reto, ya que las casas modulares o irregulares, por ejemplo, pueden exigir algo más de reflexión.

Sin embargo, la mayoría de los edificios miran hacia el lugar en el que hay una mayor energía potencial, por ejemplo donde hay movimiento, actividad o gente.

En otros casos, la orientación puede ser la dirección en la que las ventanas de la casa ofrecen unas vistas agradables, un «recibidor brillante» (un espacio atractivo frente a la puerta principal, como un camino o un patio) o un valle. Sólo una vez haya identificado con exactitud la dirección hacia la que apunta la casa, puede usar la brújula para concretarla.

¿Hacia dónde apunta su casa?

La dirección hacia la que apunta su puerta principal no es siempre la orientación de su hogar. Eche un vistazo a los ejemplos siguientes antes de tomar una decisión.

En este ejemplo, la orientación de la casa es obvia: es la dirección hacia la que apunta la puerta principal, que es la única que usan habitualmente los residentes.

En este caso, la puerta principal oficial es la azul, pero los habitantes usan más la puerta lateral amarilla (que también apunta hacia el punto con más energía yang, representado por la carretera cercana). Así pues, la orientación de esta casa es la dirección hacia la que apunta la puerta amarilla.

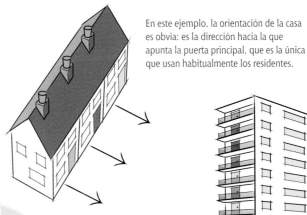

Si vive en un bloque de pisos, la orientación de su hogar no tiene por qué ser la de la puerta principal de su piso. Debe tomar la orientación de la puerta del edificio como la válida para su hogar.

La orientación de un piso coincide con la del edificio.

41 ¿Tiene dudas sobre la orientación?

Si duda sobre la orientación de la casa y no quiere correr el riesgo de usar una cuadrícula equivocada, es buena idea usar dos orientaciones posibles con sus cuadrículas correspondientes. De este modo podrá analizar la suerte que se atribuye a las habitaciones principales de la casa para ver cuál de las cuadrículas se adecua más a la historia real de la casa. Si tiene suerte, alguna de las cuadrículas podría recordarle de modo muy obvio algo como una enfermedad grave, alguna desgracia reciente o un episodio afortunado que haga que una cuadrícula tenga más probabilidades de ser la correcta que la otra. Comparar dos cuadrículas posibles es una de las mejores maneras de verificar si la cuadrícula que usa es la correcta para su casa. Una vez haya decidido cuál de las cuadrículas se corresponde mejor con su experiencia en la casa, es posible crear un feng shui excelente potenciando las zonas afortunadas. Además, puede aplicar remedios para superar las estrellas conflictivas que puedan llevar problemas a determinadas zonas. Si alguna vez ha leído en algún libro sobre la estrella volante que el uso de remedios es inútil y que la única solución es vaciar las habitaciones afectadas, puedo garantizarle categóricamente que esta afirmación es falsa. En el feng shui de la estrella volante, todos los problemas tienen una solución, que casi siempre está relacionada con la teoría de los cinco elementos o con los amuletos simbólicos especializados que tanta fama han dado a China.

El feng shui simbólico

A la hora de practicar el feng shui, es de crucial importancia conocer el feng shui simbólico, es decir, conocer el significado de los símbolos, las formas, los colores y los cinco elementos, dado que estas cosas son las que se usan como remedios y potenciadores tras interpretar las cuadrículas de la estrella volante. El dominio del feng shui simbólico es lo que otorgará un nivel superior de eficacia a su práctica del feng shui.

El feng shui simbólico implica colocar símbolos especiales alrededor de la casa para lograr beneficios concretos. Este es Sau, el dios chino de la longevidad.

Qué hacer cuando hay dos orientaciones posibles

Este hogar tiene dos orientaciones posibles, una hacia la parte trasera, tal y como mostramos, y otra hacia la delantera. En este caso, compare ambas cuadrículas de la estrella volante para comprobar cuál es históricamente la más apropiada.

Orientaciones posibles

Cómo interpretar la cuadrícula de la estrella volante 42
de su hogar

Para aplicar las cuadrículas a su hogar, debe superponerlas sobre un plano de la disposición de su casa. Previamente deberá determinar las partes de la casa correspondientes a cada punto cardinal. Para ello:

- Use una brújula de calidad.

- Sitúese en el centro de la casa e identifique las distintas esquinas.

- A continuación, traslade los tres números de cada punto cardinal a la zona correspondiente de los planos de su casa.

- Tras ello sabrá inmediatamente los números que gobiernan la suerte de cada una de las partes de su casa.

Los números de cada casilla le dirán mucho de la suerte de los diferentes sectores de su casa, y el estudio de estos números, de su significado y de la relación existente entre ellos constituye la base

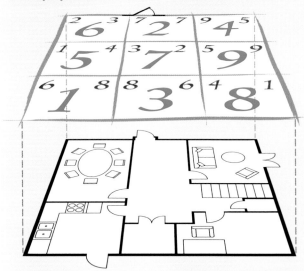

La superposición de una cuadrícula de la estrella volante

Elija la cuadrícula adecuada a la orientación de su casa (véanse consejos 37 y 38) y cópiela sobre un plano de cada planta de su casa.

Traslade los tres números de cada casilla, ya que cada número tiene un significado especial para la suerte de su casa.

PREGUNTA Y RESPUESTA

¿Qué significan los tres números de cada casilla de una cuadrícula de la estrella volante?

El número grande del centro es el número del período e indica el número que influye en esa casilla según el momento en que se construyó la casa o en que sufrió la última gran reforma. El número pequeño a la derecha del número del período es el número de la estrella del agua. Eso indica el potencial de riqueza presente en el espacio indicado por esa casilla. La cifra pequeña a la izquierda es la estrella de la montaña, lo cual indica el potencial en el ámbito de las relaciones de la esquina de la casa a la que representa la casilla en la que se encuentra el número.

de la práctica del feng shui de la estrella volante. En los viejos tiempos, los auténticos maestros de feng shui siempre usaban las técnicas de la estrella volante para potenciar el feng shui de los espacios. Esto se debe a que esta fórmula ofrece la gran ventaja de ser más exacta a la hora de señalar las habitaciones que podrían sufrir problemas causados por los cambios temporales en la energía *chi*.

El método no se ocupa solamente de los conceptos espaciales del feng shui, sino que también dice mucho sobre las implicaciones de los cambios temporales. Aprender a interpretar la cuadrícula de la estrella volante aplicable a su casa es el modo más fácil y más efectivo de practicar el auténtico feng shui chino.

43 Cuadrículas anuales y mensuales

Además de usar las cuadrículas de la estrella volante correspondientes a cada período para el feng shui de su hogar, con lo que asegura no sólo la suerte de su casa sino también su paz y armonía, también es preciso conocer las cuadrículas de la estrella volante anuales y mensuales. Con ellas podrá actualizar el feng shui de su hogar a corto plazo.

Para lograrlo, deberá seguir las indicaciones de las cuadrículas anuales y mensuales de la estrella volante. Estas cuadrículas permiten a cualquier practicante actualizar sistemáticamente el feng shui de cualquier hogar. Cada año nuevo resulta increíblemente beneficioso «barrer» la casa en busca de las zonas auspiciosas para ese año y también aquellas a las que se han desplazado los conflictos potenciales. Debe tener presente que todos los problemas, ya sean infortunios, accidentes, pérdidas, enfermedades, discusiones u otro tipo de conflictos están representados por los números del 1 al 9, así que para realizar un análisis completo y exacto de la situación debemos examinar los números que vuelan a otras partes de la casa. Sólo así puede actualizar sus remedios y potenciadores de año en año.

¿Qué son las cuadrículas anuales y mensuales?

Las cuadrículas anuales y mensuales tienen la misma apariencia que las de los períodos 7 y 8 y constan de nueve casillas formando una cuadrícula.

Junto a estas líneas se encuentra la cuadrícula anual del año 2006. En esta cuadrícula podemos apreciar que el número central es el 3, que se conoce como el «número Lo shu» del año. En 2007, el número del año será el 2, dado que en las cuadrículas anuales el número central sigue una secuencia descendente. Como sólo se usan 9 números, una vez aparezca el número 1 en el centro, pasará a ser el 9 al año siguiente. Una vez disponemos del número central, no debería ser difícil crear la cuadrícula completa para ese año.

Además, la cuadrícula anual también muestra el lugar de los tres asesinatos, además del lugar en el que reside el dios del año, conocido como Gran Duque Júpiter. Para conocer las cuadrículas de 2007 en adelante, visite la página www.wofs.com, en la que encontrará tanto las cuadrículas anuales como las mensuales.

Como vemos en este gráfico del año 2006, el Gran Duque está en el noroeste, mientras que el lugar de los tres asesinatos está en el norte.

El significado de los números 44

En el feng shui de la estrella volante, los números del 1 al 9, presentes en todas las cuadrículas de la estrella volante, tienen significados distintos, ya sea separadamente o formando combinaciones. Acto seguido, incluimos un resumen de su influencia sobre el hogar.

- **Números 2 y 5:** Tenga cuidado, ya que estos dos números son los de la enfermedad y el infortunio. Debe tener en cuenta que, si duerme, trabaja o come en una zona de la casa marcada por estos números en la cuadrícula de la estrella volante del período –anual o mensual–, sufrirá problemas de salud y desgracias.

- **Número 3:** es la cifra de la humillación, las disputas y la hostilidad. Es el número que trae problemas y malentendidos y también provoca que los residentes influidos por él tengan que enfrentarse a problemas legales y encuentros desagradables con las autoridades. Se debe mantener bajo control porque, de lo contrario, convertirá su vida en un infierno.

- **Número 4:** Es excelente para los estudios y las ambiciones literarias. También se lo considera un número favorable al amor y, si se activa correctamente, puede traer una pareja o incluso el matrimonio.

El número 4 en la cuadrícula de la estrella volante simboliza las ambiciones educativas y literarias.

- **Número 9:** Es un número amplificador que hace que los números malos sean aún peores y que los buenos sean mejores. También se considera que es la cifra que indica la prosperidad futura.

- **Número 7:** Fue un número muy auspicioso durante el último período, que concluyó el 4 de febrero de 2004, pero actualmente se asocia esa cifra con la violencia y el robo. Aquellos cuyos hogares gozaron del doble 7 en los últimos 20 años descubrirán que, ya en el período 8, ha pasado a ser peligroso y debe contrarrestarse (véase el consejo 123).

- **Números 1, 6 y 8:** Se consideran números «blancos» y son excelentes portadores de fortuna. De los 3, el 8 se muestra el más potente, ya que nos hallamos en el período del 8. El número 1 es auspicioso, pero el 6 es débil y carece de mucha fuerza si no va acompañado de otros números como el 1 y el 8. Si se encuentran juntos, se considera que la combinación de los 3 es extremadamente auspiciosa.

La conjunción de los números 1, 6 y 8 es muy auspiciosa e identifica un sector especialmente afortunado de la casa. En este caso, en un hogar orientado hacia norte, el 1, el 6 y el 8 se encuentran en el nordeste.

La estrella del agua es el 8.

La estrella de la montaña es el 6.

La estrella del período es el 1.

1 8	4 6 3	8 8 1 6
9 9 5	5 2 7 3	4 5 1
5 4 9	7 2 7	3 6 2

45 Localice el 2, la estrella de la enfermedad, en su hogar

En la estrella volante, debe temer al 2 si es de edad avanzada o sufre una enfermedad grave o crónica. Si aparece como estrella del agua, sugiere que su suerte en el dinero es nefasta y que su vida necesita un poco más de calma. Si aparece como estrella de la montaña, implica un doble problema, ya que significa que tanto la salud como las relaciones personales de los residentes que vivan en ese rincón de la casa sufrirán problemas, así como las de los demás habitantes del edificio.

Cómo proteger su bienestar

Si el 2, la estrella de la enfermedad, aparece como una estrella de la montaña o del agua, debe tener en cuenta que su impacto se amplifica, por lo que deberá tomar muy en serio sus consecuencias. Si le preocupa la salud, elija la cuadrícula de la estrella volante (ya sea del período 7 u 8) aplicable a su hogar y trace un círculo alrededor del número 2 dondequiera que aparezca. De este modo conocerá inmediatamente los rincones y las partes de su casa que padecen este problema.

A fin de localizar las partes afectadas de su casa, necesitará utilizar una brújula feng shui adecuada

El 2, la estrella de la enfermedad, afecta a la energía de su casa igual que cualquier problema externo de feng shui, pero la localización de la estrella de la enfermedad es temporal y se desplaza por los distintos sectores de la casa a lo largo de los meses, los años y los períodos de 20 años. La estrella de la enfermedad puede comprometer su bienestar y el de los suyos.

(véase consejo 31). Para este ejercicio, resulta extremadamente útil consultar los planos de su casa, dado que es más fácil orientarse sobre un plano de papel que vagando de habitación en habitación brújula en mano. Una vez haya localizado el punto al que señala la estrella de la enfermedad, bastará con corregirla aplicando los símbolos y los elementos adecuados (véase consejo 46).

PREGUNTA Y RESPUESTA

¿Qué ocurre si en el número de mi casa o piso aparece el número «malo» 2?

No tiene importancia, porque esos números no se analizan igual que en el método de la estrella volante. Aunque el 2 tiene una carga negativa cuando aparece en un análisis de la estrella volante, ello no significa que también traiga mala suerte cuando aparece formando parte del número de una casa o de un edificio de oficinas. Para saber si el número de su casa trae buena o mala suerte, debe aplicar técnicas de numerología.

Localización del 2, la estrella de la enfermedad

La estrella de la enfermedad es una estrella de la montaña si aparece a la derecha y una estrella del agua si aparece a la izquierda del número central o del período.

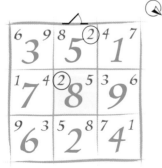

Cómo garantizar la buena salud y la longevidad   46

Según el sistema de los cinco elementos (véase página 8), se cree que la estrella de la enfermedad pertenece al elemento tierra y, por lo tanto, la energía metal, concretamente la energía metal yang, constituye un remedio fantástico.

El *wu* lou

Uno de los mejores símbolos de la buena fortuna es el *wu lou* de latón. Yo uso el de latón porque el metal es sólido y pesado. El *wu lou* es un símbolo de buena salud y longevidad extremadamente poderoso. Es el símbolo que lleva el dios de la longevidad, la diosa Kuan Yin y uno de los Ocho Inmortales taoístas. Se dice que es el recipiente del néctar de la inmortalidad, con lo que tener un *wu lou* cerca es un excelente potenciador de la buena salud. Además, el *wu lou* de latón también es un vigoroso antídoto contra la estrella de la enfermedad, ya que su energía metálica suprime todo el *chi* de la enfermedad que flote en el aire.

El *wu lou* es un poderoso símbolo feng shui usado para contrarrestar el *chi* negativo de la enfermedad.

La Madonna budista, Kuan Yin, se suele representar con el wu lou, un emblema feng shui de la buena salud y la larga vida. Esta diosa benevolente es adorada por muchos chinos como símbolo de la curación física y emocional, que restablece la compasión y el amor incondicional.

Carillones

Otro remedio excelente son los carillones de metal (latón) de seis tubos. En este caso, el sonido del metal es el que procura la solución milagrosa. Los seis tubos representan un metal grande y cada vez que el viento hace sonar los tubos crea un *chi* yang metálico. Tenga presente en todo momento que los carillones son ineficaces si no están hechos completamente de metal.

Si su dormitorio está afectado por la estrella de la enfermedad del año o por la de la cuadrícula de la estrella volante de su casa, debe usar un carillón como solución.

47 Aléjese del 3, la estrella del conflicto

Existe otro problema que puede ser potencialmente más dañino que el 2, la estrella de la enfermedad. Se trata del número 3, la estrella de la hostilidad, también llamada estrella del conflicto. Si su dormitorio o su puerta principal está afectada por la presencia del número 3, tendrá problemas relacionados con malentendidos, discusiones, enfados y una hostilidad que puede ir fácilmente en aumento. El número 3 es una estrella de madera, así que, cuando se produce en el este o el sudeste, su efecto resulta aún más peligroso y fiero.

Estrella del agua o de la montaña

Cuando el número 3 se presenta como la estrella del agua, sugiere discusiones relacionadas con asuntos financieros y, si aparece como estrella de la montaña, lleva la ira y las confrontaciones a relaciones saludables y felices. La estrella del número 3 provoca más divorcios y separaciones de lo que la gente cree, y a menudo he dicho que los divorcios suelen estar motivados por problemas de este tipo. La estrella del número 3 también aparece en las cuadrículas anuales y mensuales y, cuando coinciden en la misma casilla y esta casilla es la que corresponde a su dormitorio, lo mejor será cambiar la habitación de lugar.

Si la estrella número 3 cae en la zona que corresponde a su dormitorio, puede tener problemas en su relación.

48 Cómo ocuparse de la estrella del número 3

El mejor remedio contra la estrella del número tres es la energía del fuego, es decir, el color rojo y la forma triangular. Así pues, el remedio más efectivo es un cristal rojo triangular y tridimensional. Se trata de un antídoto muy poderoso para combatir la estrella número 3, y mi consejo siempre ha sido que, si desconoce el feng shui de la estrella volante, puede colocar un símbolo de este tipo sobre la mesa de su despacho para asegurarse de que, en todo el año, no sucumbirá a los terribles efectos de la estrella del número 3. Tener este símbolo cerca no le causará absolutamente ningún daño, y la energía fuego presente en algo como un pequeño cristal sólo le aportará energía positiva. El cristal triangular colocado sobre una base de latón o dorada aún cobrará mayor fuerza como antídoto contra la estrella del número tres.

Otras técnicas

Las soluciones alternativas frente a la hostil estrella del 3 incluyen cortinas rojas, fundas de almohada rojas o un cuadro rojo colgado en una de las paredes de la habitación afectada. Tenga en cuenta que la razón por la que se usa el rojo es que precisamos su energía fuego para acabar con la estrella de madera hostil. También se pueden usar lámparas de lava rojas para estimular el *chi* de fuego yang.

La localización de la terrible estrella amarilla del 5 en la cuadrícula de su casa

49

En el feng shui de la estrella volante, el problema más peligroso se conoce como el 5 amarillo. Es la estrella del número 5 y propicia que todo tipo de infortunios se ceben en la paz y la tranquilidad de cualquier casa; sobre todo, el 5 amarillo afecta al sector en el que se encuentra la puerta principal de la casa. El 5 amarillo cobra su máxima fuerza cuando está situado en el sur, ya que la energía fuego presente en este sector le proporciona una fortaleza añadida. Una vez haya identificado la cuadrícula de la estrella volante aplicable a su casa, como siempre basándose en su orientación y en el período al que pertenezca, busque los puntos en los que aparezca el número 5.

Si el número 5 recae en el dormitorio, tendrá que usar curas simbólicas (véase el consejo 50). La mejor solución para el 5 amarillo es la energía del metal, que incluye sonidos, de forma que los colgantes metálicos son ideales.

El enemigo del feng shui

Si el número 5 es el número grande del período en la cuadrícula, trae desgracias, pero sus efectos no son en absoluto tan poderosos como cuando aparece como estrella del agua o de la montaña, los números más pequeños situados a la derecha

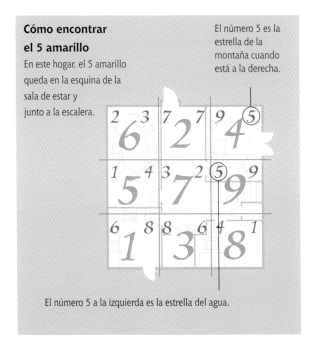

Cómo encontrar el 5 amarillo

En este hogar, el 5 amarillo queda en la esquina de la sala de estar y junto a la escalera.

El número 5 es la estrella de la montaña cuando está a la derecha.

El número 5 a la izquierda es la estrella del agua.

y a la izquierda del número del período, respectivamente. Cuando el 5 amarillo es la estrella del agua, provoca pérdidas económicas a los residentes que vivan en el sector en el que aparece; y, cuando es la estrella de la montaña, provoca la ruptura de parejas y la pérdida de seres queridos. Así pues, el 5 amarillo es el enemigo del feng shui de cualquier casa y se debe mantener bajo un control férreo. También es muy poderoso cuando aparece en rincones tierra, como el noroeste, el sudoeste y el centro.

La confluencia anual y mensual

El 5 amarillo también aparece en la cuadrícula feng shui anual, así como en las cuadrículas mensuales, y cuando coinciden en el mismo punto cardinal se dice que ese sector está muy afectado. Si su puerta principal o su dormitorio está colocado en la parte de la casa en la que se halla, es probable que los residentes sufran algún tipo de infortunio, pérdida o accidente a menos que se haya neutralizado el 5 amarillo. Limitarse a abandonar la parte afectada de la casa no es una solución, dado que la energía negativa siempre gotea hacia los otros sectores. Por lo tanto, es vital colocar remedios contra el 5 amarillo.

50 Cómo contrarrestar la estrella amarilla del 5 y mantenerla controlada

Como el 5 amarillo se considera una estrella de tierra, lo mejor para contrarrestar sus efectos es usar energía *chi* metal para agotar su fuerza. Este es el motivo por el que los carillones de metal eran la solución tradicional que recomendaban los antiguos maestros de feng shui.

Los mejores carillones son los que llevan seis tubos huecos de idéntico tamaño colgados de una base metálica redonda que simboliza la energía celestial. Este tipo de carillones capturan el mal *chi* y lo transforman en *chi* positivo. Los carillones deberían ser únicamente de metal y el latón es la mejor opción. Aún mejores son los carillones con una moneda metálica colgada en el centro que reproduce los signos zodiacales del horóscopo chino. El sonido del metal contra metal hace que los carillones de este tipo sean una solución mucho más poderosa.

Colgar carillones decorativos puede ayudar a dar energía y mejorar su espacio, pero para neutralizar los efectos del 5 amarillo necesitará un carillón de seis tubos, a ser posible de latón (véase abajo).

PROYECTO
Medidas adicionales

En el periodo 8 actual, que finaliza en 2024, se necesita un remedio más poderoso para el 5 amarillo porque se trata de un periodo de tierra que fortalece mucho al 5 amarillo. Pese a que los carillones de metal son un remedio excelente, podrían resultar insuficientes. Así pues, en el periodo 8, la mejor solución para neutralizar el 5 amarillo es la pagoda de los cinco elementos. Colocar la pagoda en el sector del 5 amarillo será muy efectivo para agotar su energía.

Cuelgue el carillón aquí de una alcayata o del techo.

Coloque aquí la pagoda.

Los problemas de la estrella volante deben diagnosticarse y solucionarse

51

A menos que los problemas de la estrella volante de su hogar se diagnostiquen y solucionen con eficacia, es difícil llegar a gozar de un buen feng shui. Antiguamente, se consideraba que este método de feng shui era extremadamente complicado y no estaba al alcance del pueblo llano sin conocimientos acerca de la tradición del feng shui. Hoy en día, sin embargo, he demostrado que no es tan difícil familiarizarse con la estrella volante. El secreto radica en olvidarse de las palabras clave chinas que dificultan tanto el aprendizaje a todo aquel que no hable chino. De hecho, los textos antiguos sobre el feng shui de la estrella volante (denominados colectivamente Zuan Kong Feng Shui) resultan ininteligibles incluso para las personas que saben chino. Esto se debía a las palabras especializadas empleadas para referirse a los distintos puntos cardinales. En este libro he usado un lenguaje llano para recopilar la esencia de las recomendaciones del feng shui con el objeto de hacer tan sencillo como fuera posible para casi todo el mundo el uso de esta poderosa fórmula, que año tras año les permitirá mantener un ambiente cálido y feliz en su hogar.

Compruebe la antigüedad de su casa y cuándo se reformó por última vez para saber si pertenece al período 7 o al 8.

Cómo resolver los problemas

Esto es lo que debe hacer para solucionar los problemas intangibles que afectan a su hogar:

1 Determine la orientación de su casa con la ayuda de una brújula.

2 Determine el período en el que se construyó su casa o se reformó por última vez.

3 Determine cuál de las cuadrículas de la estrella volante (del período 7 o del 8, véanse los consejos 37 y 38) se aplica a su casa.

4 Observe los números negativos que puedan llevar problemas a su casa (véase el consejo 32).

5 Aplique soluciones sistemáticamente para mantener todos los problemas bajo control.

Los cristales se usan como remedios para fortalecer la energía de la montaña (números 1, 6 u 8). Para los malos números como el 2 o el 5, use energía metálica para anularlos.

52 Cómo aprovechar los números auspiciosos 1, 6 y 8

No debería extraer la conclusión de que las cuadrículas de la estrella volante sólo contienen números que conllevan problemas. También hay números positivos que traen buena fortuna y entre ellos se encuentran los números que se suelen denominar «blancos». Se trata de los números 1, 6 y 8. Se dice que estos tres números traen una suerte excelente a los residentes en los sectores influidos por ellos.

Los números 1, 6 y 8 se consideran especialmente afortunados en el feng shui. Puede usar estos números sutilmente en la decoración de su casa, como se puede apreciar en este tapiz.

Busque los usos decorativos del número 8 en cenefas o incluso en nudos.

El poder del ocho

De los tres números blancos, el número que trae una mayor fortuna es el 8. Esto se debe a que, siendo ya un número afortunado (porque este es el período del 8), tiene lo que los taoístas describen como el concepto de la doble bondad, un efecto de doble buena fortuna. Así pues, cuando el número aparece en el sector en el que se encuentra la puerta principal, o incluso en alguno en el que haya una puerta, hace que entre la energía *chi* de la buena suerte. En el año 2005, por ejemplo, el número 8 se encuentra en el noroeste, por lo que si su puerta principal se halla en el sector noroeste de su casa gozará de buena fortuna durante todo el año.

El número 6 también es afortunado, ya que simboliza la suerte procedente del cielo. Sin embargo, en este período del 8, el número 6 no tiene mucha fuerza y no es tan fuerte como el 8. Por su parte, el número 1 también trae suerte y en este período simboliza la prosperidad y la buena suerte a largo plazo. El número 1 también representa el éxito y otorga buena suerte en el trabajo. Si la estrella del número 1 aparece en la estrella de la montaña, implica el éxito en todas las relaciones; si se halla como estrella del agua, trae el éxito en los asuntos económicos.

El número 9 es la estrella amplificadora 53

El número 9 se suele considerar la estrella amplificadora. Cuando aparece solo, el 9 es un número muy auspicioso, ya que simboliza la plenitud y la unidad del cielo y la tierra. En el período del 8 también es la estrella de la prosperidad futura. Esto se debe a que es el número que sigue inmediatamente al número del período actual, por lo que representa la prosperidad que llegará una vez termine el actual período del 8, dentro de unos 20 años. Además, todos queremos que nuestra prosperidad y buena suerte dure más allá de este período, así que el 9 es, en este sentido, tan importante como el 8.

Buenos y malos

Sin embargo, el 9 también se considera un número amplificador, lo que significa que, al combinarse con números positivos (como el 1, el 6 y el 8), potencia sus efectos positivos. Del

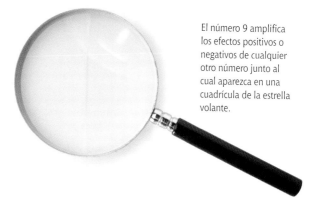

El número 9 amplifica los efectos positivos o negativos de cualquier otro número junto al cual aparezca en una cuadrícula de la estrella volante.

mismo modo, cuando se combina con números negativos (como el 2, el 3 y el 5), también amplía sus efectos perniciosos. Así pues, si encuentra en una cuadrícula de la estrella volante o en una cuadrícula anual o mensual el 9 combinado con el 2, el 3 o el 5, tenga presente que indica un peligro amplificado.

El número 4 es la estrella del romance 54

El número estrella que corresponde a la suerte en el amor es el 4 y tiene unos efectos más notorios y potentes cuando aparece como la estrella de la montaña. Si es el caso, todas sus

En una cuadrícula de la estrella volante anual, busque el número 4 si desea mejorar sus relaciones existentes o encontrar nuevos amores.

relaciones y amores le traerán alegría y llegarán a una conclusión provechosa y feliz. Las relaciones amorosas se refieren a aquellas que llevan al matrimonio. Pese a todo, cuando aparece la estrella 4 del romance, todas las parejas casadas deben ir con mucho cuidado para asegurarse de que no haya ningún tipo de elemento con agua en el sector de la casa al que corresponde ese número. La presencia de agua llevará a la infelicidad y a escándalos de naturaleza sexual. Además, provoca que se descubran las infidelidades, lo cual suele motivar la infelicidad y la ruptura de parejas que de otro modo se hubieran mantenido estables.

El número 4 en una cuadrícula anual indica la suerte de la Flor del Melocotón, que desencadena lazos románticos y oportunidades de matrimonio. En el año 2005, por ejemplo, el número 4 es el centro de la cuadrícula anual, lo cual significa que 2005 es un año en el que aumentará la cantidad de gente que se enamore.

55 Cómo activar las estrellas auspiciosas de la montaña y del agua en su cuadrícula

Hemos hecho abundantes referencias a las estrellas del agua y de la montaña. Recuerde que se trata de los números pequeños que flanquean los números grandes de las cuadrículas de la estrella volante. La estrella de la montaña representa la salud y la suerte en las relaciones del sector, mientras que la estrella del agua representa la prosperidad.

Los cristales naturales se pueden usar para aumentar la energía de la montaña, mientras que la presencia de agua estimula la suerte en el dinero.

Estrellas de la montaña

Si la estrella de la montaña es un número afortunado como el 8, trae buena suerte en las relaciones. Además, proporciona una salud excelente, ya que la estrella de la montaña también representa la salud. Si la estrella de la montaña es un buen número, debe activarse para que la buena fortuna se manifieste, pero, si es un número desafortunado, debería neutralizarse o agotarse. Generalmente, la buena suerte que proporciona la estrella de la montaña sólo se manifiesta cuando un símbolo de la montaña le da energía. Este símbolo puede ser una montaña o una colina de verdad en la dirección del sector que ocupa o bien un cuadro. El símbolo que le proporcione energía también puede ser un cristal o una geoda naturales y de gran tamaño.

Estrellas del agua

El agua representa la suerte en el dinero y, al igual que la estrella de la montaña, cuando sus números son positivos, como puede serlo el 8, requiere que se activen sus efectos con la presencia de agua. En realidad, este es uno de los mejores métodos para mejorar los ingresos mediante el feng shui. Si la estrella del agua 8 se activa mediante la presencia de agua, es casi seguro que los residentes en ese sector se harán ricos o, como mínimo, verán aumentar sus ganancias significativamente. Nada favorece más la felicidad en una casa que la riqueza de sus ocupantes. Las estrellas del agua 6 y 1 también son muy auspiciosas.

Remedios y potenciadores de la estrella volante 56

Pese a que el método de la estrella volante es técnico y requiere que se dibujen cuadrículas y se tengan en cuenta los períodos temporales, para practicarlo con eficacia es necesario el uso de remedios simbólicos. Un conocimiento profundo del feng shui simbólico es, pues, necesario antes de usar con acierto los remedios y los potenciadores que amplificarán la buena suerte y anularán la mala fortuna. Todos los auténticos maestros antiguos que emplean los métodos de la estrella volante conocen al detalle los significados simbólicos y las propiedades de los objetos y las imágenes decorativas.

El uso de los símbolos

Dado que el feng shui es una práctica china, suelo recomendar como potenciadores los símbolos culturales chinos de la buena fortuna. Del mismo modo, también me inclino hacia los símbolos protectores chinos a la hora de buscar remedios. Sin embargo, es importante enfatizar que los símbolos de otras culturas son igualmente efectivos si se utilizan correctamente. Lo único importante es entender

PROYECTO

Carillones y otras ideas

Si necesita contrarrestar el número estrella 2, portador de enfermedades, usar la energía metal yang siempre es una buena posibilidad. Si busca alternativas o métodos complementarios a su uso, debe emplear objetos de cualquier tipo de metal, como el latón, el cobre, el oro, la plata o el acero, y que también se muevan. Un buen ejemplo serían unos ventiladores de mesa o de pie fabricados de metal. Para superar los efectos del pernicioso número estrella 5, se requiere una energía metal que puede proceder de un metal yin o yang. En este caso, una mesa grande de latón o una caja del mismo material pueden funcionar de perlas combinados con cajas y objetos decorativos de metal. También puede usar símbolos de buena suerte hechos de metal, cristal, madera o cristal. Un anzuelo, por ejemplo, símbolo de buena fortuna en la cultura maorí, tradicional de Nueva Zelanda, sería un símbolo que, colocado en nuestra casa, favorecería nuestra buena suerte.

Puede usar cristales pulidos para simbolizar el poder de los cinco elementos chinos: el rojo para el fuego, el verde para la madera, el blanco para el metal, el amarillo para la tierra y el azul para el agua.

la base en función de la cual se aplican símbolos o remedios específicos. Esta comprensión suele significar comprender el yin y el yang de los símbolos además de su naturaleza elemental. Esto se debe a que gran parte del feng shui se basa en los tres ciclos de los cinco elementos. Así pues, los símbolos potenciadores aprovechan el ciclo productivo de los elementos, mientras que los remedios normalmente usan los ciclos exhaustivos. Por lo tanto, para combatir la estrella 2 de la enfermedad y el 5 amarillo necesitará energía yang metal, sabiendo lo cual puede sustituir el carillón y la pagoda de los cinco elementos por otro objeto de su propia cultura.

57 Cómo situar las estrellas auspiciosas y las dañinas en una casa de forma irregular

Una vez haya determinado la orientación de su hogar (véanse los consejos 19, 40 y 41) y haya encontrado la cuadrícula de la estrella volante aplicable a ella (véanse los consejos 37 y 38), la forma de su hogar podría originar confusiones a la hora de contrastar los números de la cuadrícula con los planos de su casa. Si la planta de su vivienda forma un cuadrado perfecto, resulta sencillo superponer la cuadrícula, pero la mayoría de casas tienen una forma irregular. Si su casa es adosada o

bien ha ampliado una habitación o ha remodelado su hogar, es posible que la cuadrícula no cubra algunos sectores o que algunas partes de la cuadrícula caigan fuera de los límites de su propiedad. Esto último puede implicar la pérdida de algunos sectores auspiciosos, simbolizados por los números 1, 4, 6, 8 y 9 (véase el consejo 32), pero también puede sacar partido de ello, ya que también le perjudicarán menos las estrellas del infortunio 2, 3, 5 y 7, pues estos números «golpearán» una proporción menor de espacio.

Planta baja de una propiedad con una pared colindante

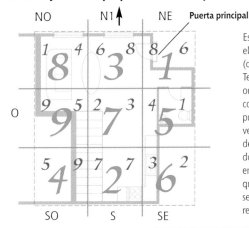

Esta casa está orientada hacia el norte 1 y es del período 7 (consulte los consejos 30 y 37). Tenga en cuenta que la orientación de la casa no coincide con la de la puerta principal, sino con la de las dos ventanas grandes en la parte delantera de la casa, el lugar donde se concentra más energía yang y, por lo tanto, el que marca la orientación. Los sectores afortunados son el recibidor y la sala de estar.

Planta baja de una casa apareada con la cocina ampliada

Esta casa está orientada hacia sur 1 y es del período 8. Fíjese en que la cuadrícula no cubre la zona del garaje porque no es un espacio pensado para vivir en él. Sin embargo, si en la segunda planta hubiese un dormitorio u otra habitación construida sobre el garaje, sí que se incluiría al superponer la cuadrícula al plano de ese nivel. En este ejemplo cabe destacar el doble 8 auspicioso que queda sobre la cocina.

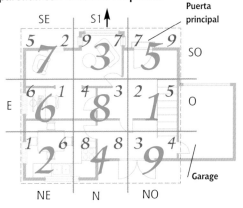

Planta baja de un dúplex

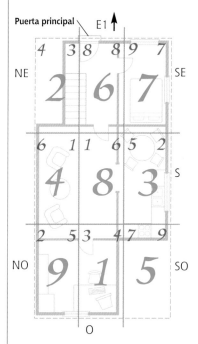

Este hogar está orientado hacia este 1 y pertenece al período 8 (véanse consejos 30 y 38). Los sectores afortunados son la sala, en la casilla central, que contiene los números muy auspiciosos 1, 6 y 8, y también hay que reparar en el doble 8 que aparece en el recibidor y proporciona una suerte excelente a todos los habitantes de la casa.

La energía negativa puede ser invisible e intangible 58

Una de las piedras angulares de la práctica del feng shui es la atención constante a la aparición de problemas que nos puedan causar infortunios. Está muy bien usar el feng shui para intentar enriquecerse o tener éxito en la vida, pero para mucha gente es aún más importante asegurarse de que su vida cotidiana no se vea sacudida por accidentes graves o acontecimientos trágicos. El feng shui nos ayuda a predecir los problemas antes de que ocurran y, por este motivo, es una técnica de valor incalculable para nosotros.

El feng shui considera que la energía negativa, causante de los acontecimientos negativos, puede, y suele, ser invisible e intangible. Esta energía intangible no tiene que estar causada necesariamente por las estructuras físicas de nuestra vivienda, sino que puede que se deba al simple paso del tiempo. La práctica eficaz del feng shui se centra primordialmente en los efectos intangibles del *chi*, dado que es el único medio para saber dónde y cuándo pueden atacar las desgracias. Una vez lo sepamos, podemos alejarnos de los espacios afectados por la mala energía *chi* o, mejor aún, aplicar remedios que reduzcan sus efectos. Así pues, es extremadamente útil familiarizarse con la dimensión temporal del feng shui.

Los períodos cambiantes en un ciclo de 180 años 59

El feng shui divide el tiempo en períodos, y un ciclo completo del período temporal dura 180 años. Estos 180 años se dividen en nueve períodos de 20 años cada uno, cada uno de los cuales está «gobernado» o dominado por un número del 1 al 9. Según los textos referidos al feng shui de la dimensión temporal, cada uno de los períodos de 20 años manifiesta los atributos del número que domina ese período, por lo que cada uno de ellos poseerá sus mismos puntos fuertes e idénticas debilidades, favorecerá el predominio del hombre o de la mujer y llevará a los hogares distintos tipos de energía *chi*.

Añadir una nueva dimensión

Cada vez que cambia el período, el mapa de la energía *chi* de todas las estructuras construidas en el mundo también cambia según cómo le influencie el nuevo período. El efecto más inmediato es que, mientras el número que domina el período actual es fuerte y suele traer buena suerte, una vez termina su reinado se transforma en un número débil. Pierde energía y, si es una cifra que habitualmente conlleva mala suerte, recupera su naturaleza original. Los números 5, 2 y 3, por lo tanto, son números negativos que traen desgracias, pero también

En el feng shui, un «período» dura 20 años, y cambia aproximadamente el 4 de febrero.

Los períodos van del 1 al 9 formando un ciclo de 180 años. En el actual período del 8, los números positivos son el 1, el 4, el 6, el 8 y el 9.

pueden traer buena suerte durante los períodos en los que son dominantes. El conocimiento de los períodos temporales en el feng shui le permite añadir una nueva dimensión a su práctica del feng shui.

60 Implicaciones del fin del período 7

El fin del período 7 supone que la mayoría de casas del mundo pierdan energía de forma inmediata. Esto es así porque lo más probable es que la mayoría de ellas hayan sido construidas o ampliamente reformadas en los 20 años comprendidos entre el 4 de febrero de 1984 y el 4 de febrero de 2004, lo que las convierte en casas del período 7. Según los principios del feng shui, en cuanto cambia el período, la energía del número del período precedente pierde vitalidad y fuerza, lo cual implica que los hogares del período 7 precisan ser revitalizados y su energía debe ser recargada cuanto antes para que puedan acoger la energía *chi* del nuevo período del 8.

Un cambio de suerte

Una segunda implicación importante es que el número 7, que durante todo el período del 7 fue un número auspicioso, ha recuperado su naturaleza original, que es negativa. La estrella del número 7 apunta a robos, violencia y derramamiento de sangre. Su nombre, la estrella roja del 7, no es casual, y su elemento es el metal. Durante 20 años, este aspecto de su naturaleza quedó ensombrecido por sus aspectos positivos y el número 7 trajo una suerte considerable a las personas que vivían en casas del período 7, pero las mismas personas que se beneficiaron de este número tenderán hoy en día a sufrir su cara negativa a menos que recarguen la energía de su casa para transformarla en una del período 8.

61 El actual período 8 y sus influencias

Los valores interiores pasan a ser más relevantes que la riqueza y el materialismo externo debido a la influencia del nuevo período del 8, que comenzó el 4 de febrero de 2005.

Con el cambio de período, el número 8 ha pasado a ser muy auspicioso. Este número ya es un número muy afortunado por naturaleza y durante los 20 años del período anterior auguraba la «prosperidad futura». Ya en su período, el 8 representa la prosperidad presente, mientras que el 9 pasa a vaticinar la prosperidad futura.

Cambiar la fortuna

Durante el período actual comprobaremos que la actitud de la gente cambia. Mientras el 7 fue un período que favorecía a las mujeres, el 8 favorece a los hombres jóvenes y su trigrama gobernante es la montaña, que simboliza un tiempo de preparación. La montaña también domina la suerte en la salud y las relaciones. Se trata de una época en la que la búsqueda del conocimiento pasará a ser más importante que la búsqueda de riquezas. En los próximos 20 años se volverá la vista hacia los valores familiares y el comportamiento moral.

Conseguir dinero será menos importante que mejorar la calidad de nuestro estilo de vida y disponer de más tiempo para disfrutar de nuestra familia. El período 8 es propicio para las personas cuyo número Kua sea el 8 (véase el consejo 89), que se sentirán realmente afortunadas. Además, las personas que vivan en el eje que va del nordeste al sudoeste, es decir, las que vivan en casas orientadas hacia estos puntos, se beneficiarán inmensamente de las energías del nuevo período.

El período de su hogar y sus implicaciones 62

Como el impacto de estos cambios de período es realmente muy notorio y la dimensión temporal ejerce una influencia férrea en el feng shui de todo el mundo, si desea gozar de la fortuna que nos dispensa el actual período del 8, debería plantearse seriamente la posibilidad de realizar algunas reformas de envergadura en su hogar para adecuarlo a la energía *chi* del nuevo período. En cualquier caso, debería comprobar la cuadrícula de la estrella volante de su casa, si pertenece al período 7 (consulte el consejo 37), y determinar las zonas problemáticas que hayan aparecido en su feng shui debido al cambio de período. Muchos lectores descubrirán que viven en una casa del período 7, y un análisis de la cuadrícula de la estrella volante del edificio debería mostrarles con mayor claridad las consecuencias negativas de no cambiar el período.

Recuerde su antigua buena suerte

El principal problema de no cambiar la energía del período de cualquier casa reside en la energía negativa que actualmente trae la estrella del número 7. Durante los últimos 20 años, el número 7 implicaba una buena suerte inmensa, sobre todo para las casas orientadas hacia el sur, el sudoeste, el norte y el nordeste.

Estas casas se beneficiaban del doble 7 en la parte delantera o trasera de la vivienda, que les aportaba buena suerte y buenas relaciones durante el período del 7, pero en el nuevo período el número 7 acarrea robos, violencia y derramamiento de sangre. A menos que controle el 7 con agua, llevará grandes desgracias a su hogar. Este motivo basta para querer transformar la energía *chi* de su hogar (véanse los consejos 63 y 64).

Con la llegada del período 8, la energía de su hogar ha cambiado y se le presentan nuevos retos y éxitos.

63 Cómo transformar su casa en un hogar del período 8

Si decide transformar la energía de su casa o piso para que sea del nuevo período, necesitará un poco de planificación. Como es probable que tenga que cavar, clavar y golpear, lo primero que deberá hacer es echar un vistazo a la parte sobre las aflicciones anuales (véanse los consejos 115-129) y comprobar cuáles son los rincones auspiciosos de su casa (lugares en los que deberían comenzar y acabar las obras) y cuáles son los sectores perjudicados que, si es posible, no se deberían cambiar.

Tenga mucho cuidado

A la hora de emprender reformas que supongan renovar el suelo, dar martillazos y, en general, perturbar la energía, es fundamental evitar acometer los espacios en los que se hallen el Gran Duque Júpiter, los 3 asesinatos y el funesto 5 amarillo (véanse los consejos 118, 120 y 121). Son espacios que debe evitar reformar a cualquier precio, dado que, si lo hace, sin duda sufrirá mala suerte en forma de enfermedades, accidentes e infortunios. Así pues, transformar su hogar para que pase a ser del período 8 no es una tarea sencilla, pero merece la pena llevarla a cabo si desea de veras atraer una buena suerte feng shui que durará los 20 próximos años hasta el 4 de febrero de 2024.

Al hacer reformas, no haga ruido en los sectores desafortunados, ya que perturbaría la energía y traería infortunios al hogar.

Recuerde cómo debe actualizar la casa

A continuación, le recordamos cómo debe transformar su casa del período 7 al 8.

1 Cambie la energía celestial del edificio renovando el tejado.

2 Cambie la energía tierra del edificio cambiando el suelo, la tierra del jardín o el césped.

3 Cambie la energía humana del edificio sustituyendo la puerta principal.

Como norma general, deberá cambiar al menos una tercera parte del tejado, el suelo o la zona del jardín. También puede poner una puerta nueva, pero, si no se lo permite su presupuesto, plantéese darle una nueva capa de pintura. Aquellos que vivan en un piso deberán pintar el techo para cambiar el *chi* celestial (véase el consejo 39).

PREGUNTA Y RESPUESTA

¿Qué pasa si no puedo evitar hacer reformas en los sectores desafortunados?

Si debe hacer reformas u obras de mantenimiento imprescindibles, no debería pasar nada siempre y cuando no empiece o acabe las reformas en una de esas zonas afectadas. Si planifica la reforma teniendo presente todas las aflicciones del año, evitará activar las estrellas del infortunio y sufrir sus efectos en la vida.

Un atajo para dar la bienvenida al período 8 64

Si le resulta completamente imposible transformar la energía de su hogar para que sea del período 8, el siguiente mejor método para dejar entrar el nuevo *chi* tierra es crear una abertura en el sector noroeste de su hogar. Una abertura en este punto podría ser una puerta o una ventana, ya sea grande o pequeña. Lo ideal es que lo más grande posible para dejar paso al nuevo *chi*.

¿Por qué en el noroeste?

Esto se debe a que en el período 7 el número 8 se encontraba en el sector noroeste, por lo que la energía del período 8 procede del noroeste. Practicar una abertura en este sector, por lo tanto, permite la entrada de la energía del período 8. De hecho, nunca está de más tener algún tipo de abertura en el noroeste de todas las casas, puesto que es el punto cardinal que simboliza al Patriarca. Una abertura en este punto implica tener siempre a nuestra disposición energía fresca para sustituir a la que se pueda perder. Este proceder beneficia al cabeza de familia.

Una puerta o ventana en el noroeste es un método seguro para dejar entrar la nueva energía del período 8. Si ya dispone de una pequeña ventana en ese sector, podría ampliarla o, por lo menos, limpiar los cristales de las puertas y las ventanas de esa zona, lavar las cortinas y las persianas o incluso sustituirlas para dar la bienvenida simbólica al nuevo *chi*.

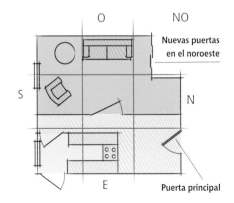

Abrir el noroeste
En esta vivienda, el sector noroeste se ha abierto añadiendo puertas corredizas que dan a una zona ajardinada cubierta.

Segunda parte

Cómo crear un hogar auspicioso y feliz

CAPTURAR LA INFLUENCIA DE LAS ESTRELLAS DE LA MONTAÑA

Si quiere llevar una vida feliz y minimizar sus problemas, debería esforzarse al máximo para «activar» la energía de las estrellas de la montaña en el interior de su casa. La principal razón para esto es que nos encontramos en el período de la estrella de la montaña, dado que el período 8 coincide con el trigrama Ken, que simboliza a la montaña. Nos encontramos, pues, en un período de tierra, y la energía de la estrella de la montaña es la soberana suprema. Esta es la energía *chi* que domina la calidad de todas las relaciones en nuestra vida.

Las estrellas de la montaña también simbolizan nuestra salud. Cuando el número de la estrella de la montaña es auspicioso, como el 8, indica que la salud es fuerte. Si el número es desafortunado, como el 2, el 3 o el 5, indica peligros en asuntos de salud. En este caso, las estrellas de la montaña necesitan eliminarse con curaciones simbólicas.

De la misma forma que las estrellas de la montaña auspiciosas favorecen las buenas relaciones, las estrellas del agua que tienen números afortunados traen suerte en la salud. Si se activan y energetizan adecuadamente, las estrellas del agua auspiciosas atraen grandes sumas de dinero y mucha suerte a corto y largo plazo.

Las auspiciosas estrellas de la montaña favorecen la suerte en las relaciones 65

Para que estas relaciones sean positivas deben ser activadas empleando la energía cristal o la energía fuego, que produce tierra. Los cristales son los grandes tesoros de la tierra y se encuentran a grandes profundidades y en el interior de las montañas. Los cristales son el mayor instrumento para recargar la energía tierra, dado que en el interior de cada roca de cristal se encuentran millones de años de energía tierra concentrada. Este es el motivo por el que los cristales traerán tanta suerte y un feng shui tan inmejorable durante los próximos 20 años.

Los números 1, 6 y 8 atraen relaciones favorables.

Relaciones sentimentales

Use cristales naturales para fortalecer la energía de las estrellas de la montaña auspiciosas de hogares y edificios. Si se colocan en el interior de las casas en los sectores que gozan de estrellas de la montaña auspiciosas como el 8, el 6, el 1 o el 4, propiciará y creará relaciones felices, que pueden ser entre marido y mujer, hermanos, colegas o amigos, así como entre padres e hijos, madres e hijas, empleados y jefes y entre novios. La estrella de la montaña hace que sus relaciones rebosen amor, apoyo y comprensión. También da felicidad, por lo que, si desea gozar de un entorno feliz, invierta en unos buenos cristales y colóquelos en los rincones correctos de su casa.

66 Las estrellas de la montaña ejercen influencia sobre la salud y la longevidad

Activar los rincones de su hogar que gocen de estrellas de la montaña favorables contribuirá a que disfrute de longevidad y buena salud. Esto es así porque la estrella de la montaña también gobierna la suerte en la salud de los residentes. Otro camino posible es asegurar que los sectores en los que se encuentran las estrellas de la montaña auspiciosas no resultan dañados o destruidos por la presencia de un exceso de árboles altos o por grandes cantidades de metal.

Un exceso de madera o de árboles puede destruir simbólicamente la energía de un sector tierra del hogar, lo que podría minar la salud de sus residentes. En el ciclo de los elementos (véase página 9) la madera destruye la energía tierra o montaña.

Recuerde que, según la teoría de los cinco elementos, la energía madera destruye la energía tierra, mientras que la energía metal la agota. Si aparca el coche en una esquina en la que se encuentra una estrella de la montaña afortunada, por ejemplo, significaría acabar con la buena suerte que trae esa estrella a causa de la gran cantidad de metal que supone.

67 Use una geoda para simular la presencia física de montañas

Otra manera de activar y recargar la estrella de la montaña auspiciosa en un sector concreto consiste en colocar una gran geoda de cristal en su casa. Con ello puede crear un reflejo realmente poderoso y los residentes sensibles a la energía tierra podrían llegar a sentir que su fuerza es demasiado intensa. Si esto ocurre, use una geoda de menor tamaño.

Una geoda de cristal es una formación cristalina natural en el interior de una roca que podemos colocar en la casa para activar la energía de la montaña.

Lámparas de sal

No use bajo ningún concepto las llamadas «lámparas de sal». Parecen cristales de las variedades rosa y amarilla y, de hecho, son trozos de sal, que, evidentemente, es una sustancia cristalina. Dentro de estas rocas de sal vaciadas se introducen bombillas para que la lámpara de sal sea más hermosa.

El problema es que, al encender estas lámparas en el interior de su hogar, absorben y destruyen la energía *chi* de todos sus residentes, por lo que, pese a su apariencia atractiva, pueden ser un peligro, ya que provocan sensación de agotamiento, letargo y falta de energía.

Cómo activar las estrellas de la montaña positivas con cristales   68

Antes de activar los rincones de la casa que gozan de una estrella de la montaña afortunada, es importante conocer algo sobre el uso de los cristales en el feng shui. Para empezar, debe desestimar los cristales que hayan sido moldeados para darles bordes afilados, ya que pueden ser flechas envenenadas secretas que, al estar hechas de cristal, tienen un efecto doblemente pernicioso. A menos que sepa cómo debe usar los cristales puntiagudos, es mejor no usarlos en su casa.

La selección de los cristales

Los mejores cristales son los de cuarzo natural que parecen intactos. Este tipo de cristales contienen mucho poder. Colóquelos en las esquinas de tierra sudoeste o nordeste o, mejor aún, en los rincones que gocen de estrellas de la montaña auspiciosas. Dicho esto, cabe mencionar que los cristales artificiales, sobre todo los que contienen mucho plomo, son muy brillantes y también son aceptables para los propósitos del feng shui. Aunque no son tan

Seis bolas de cristal proporcionan una energía tierra excelente.

Las rocas de cristal natural traen energía de la montaña auspiciosa. Amatista (izquierda); citrina (centro); cuarzo natural (derecha).

poderosos como los naturales –debido a que su energía *chi* es reciente–, cumplen su función con eficacia.

69 El uso de pinturas chinas para activar las estrellas de la montaña

Si lo prefiere, puede usar cuadros chinos que representen montañas para simular la presencia de montañas en los sectores o las paredes afectadas por las auspiciosas estrellas de la montaña 8, 6 o 1. Se trata de los tres números que indican que la estrella de la montaña es afortunada.

Activar el sector de su casa favorecido por estas estrellas de la montaña favorables le traerá felicidad y le aportará excelentes relaciones en las que su pareja y usted serán muy felices. Sólo debe asegurarse de que el cuadro de la montaña muestra montañas vastas, majestuosas y nada amenazantes y que estén cubiertas de vegetación. Se dice que las montañas desiertas traen malas noticias y no valen la pena, con lo que el cuadro ideal es el de un paisaje montañoso lleno de verde que deje sin aliento a quien lo contempla. También es mejor si no aparece agua representada en la pintura.

Al elegir un cuadro, opte por los paisajes montañosos exuberantes, pero evite el agua, ya que puede convertir en negativa la energía tierra que simbolizan las montañas.

70 Si las estrellas de la montaña positivas están apresadas, la bondad queda atrapada

Los sectores de la casa que gozan de estrellas de la montaña auspiciosas deberían permanecer abiertos y despejados, en la medida de lo posible, para que la energía *chi* pueda fluir libremente. Con ello se permite que el *chi* bondadoso que emana de las energías intangibles de la estrella de la montaña se extienda y fluya a otros rincones de la casa. Lo ideal es no tener un armario grande ni un trastero en la parte relevante, ya que en este caso la buena suerte quedaría encerrada en su interior. Si tiene un mueble grande con cierre en este lugar, lo debería trasladar a otra parte de la casa. Los rincones en los que aparecen estrellas de la montaña positivas son sitios ideales para colocar camas, sofás y mesas y sillas de comedor.

Métodos distintos de activar las estrellas de la montaña 71

Existen multitud de métodos distintos de activar las estrellas de la montaña auspiciosas, y elegir uno u otro es simple cuestión de gustos personales. A todo el mundo no le gustan los cristales, por ejemplo, y los cuadros chinos de montañas tampoco son precisamente del agrado de todos. Lo más importante es tener siempre presente que, a menos que activemos una estrella de la montaña tal y como sugerimos, no gozaremos de la suerte que aporta a su sector de la casa. No importa cómo activemos el sector, pero debemos hacerlo para beneficiarnos plenamente de los efectos de la favorable estrella de la montaña.

Cómo activar la estrella de la montaña

Hay muchos métodos para activar una estrella de la montaña auspiciosa (como las de los números 8, 6 o 1), pero lo mejor es crear o simular la energía tierra de una montaña. Pruebe a seguir uno de los consejos siguientes:

- Cuelgue un cuadro con montañas.
- Levante una pared de ladrillos.
- Forme una pila de rocas.
- Exhiba una colección de cristales.
- Construya un biombo decorativo.

Cuelgue una fotografía o una pintura de montañas para amplificar la energía tierra auspiciosa.

Forme una pila de rocas decorativa para representar la energía de la montaña positiva en los sectores de su casa con «estrellas» o números de la montaña auspiciosos.

Construya e instale un biombo decorativo para obtener una estructura con una cierta altura que simbolice el poder de la energía de la montaña en su hogar.

72 Las estrellas de la montaña en conflicto provocan graves problemas de pareja

pues en el ciclo de los elementos el agua daña a la tierra, el elemento de la montaña. Esta combinación se interpretaría como que la montaña cae dentro del agua, lo que la «mataría». Por otro lado, si la estrella de la montaña sufre los efectos de un mal número, es vital solucionar el problema colocando objetos que sugieran un elemento que extinga ese mal número. Por ejemplo, si el mal número es el 2, use la energía del metal poniendo colgantes metálicos; si es el 3, use un triángulo rojo o algo que sugiera fuego; si es el 5, use una pagoda de cinco elementos (véase consejo 50).

Si los números positivos de las estrellas de la montaña están en conflicto (es decir, cuando se encuentran en puntos de la casa afectados por flechas envenenadas secretas, como por ejemplo un obstáculo físico), es vital poner remedio a la situación. Las estrellas de la montaña aquejadas de problemas físicos siempre provocan graves tensiones de pareja y desarmonía. En esta coyuntura, se presentará un problema tras otro a menos que proteja todas las estrellas de la montaña auspiciosas; así pues, compruebe que no haya flechas envenenadas en las zonas en las que aparezcan estas estrellas de la montaña.

En el feng shui, las estrellas de la montaña simbolizan la suerte en las relaciones.

Compruebe los elementos

Cuando una estrella de la montaña le parezca auspiciosa, no la perjudique ni la desgaste introduciendo los elementos inadecuados en el sector que ocupe. Por este motivo es mejor no tener ningún elemento decorativo con agua en las zonas en las que se halle una estrella de la montaña positiva,

Compruebe que los sectores de su casa con una buena estrella de la montaña no sufran el influjo de flechas envenenadas (provocadas por estructuras como los grandes edificios que crean líneas invisibles que apuntan directamente hacia su casa).

Cuando una buena estrella de la montaña cae en un agujero, surgen problemas

73

Un problema frecuente en muchos hogares surge cuando una estrella de la montaña «cae en un agujero». Un ejemplo de este tipo de situación podría ser el de una estrella de la montaña auspiciosa que estuviera en una parte del jardín que también contuviese un agujero, un estanque o una piscina. Lo mejor es tapar el agujero si es posible. Si en el lugar en el que se encuentra la estrella de la montaña auspiciosa el suelo es más bajo que en el resto del jardín, también estamos frente a una mala señal.

Elementos con agua

Tenga presente que los estanques, las piscinas y otros elementos similares se suelen considerar agujeros en el suelo y que este tipo de instalaciones tienen el poder de privar a una estrella de la montaña positiva de su fuerza. La consecuencia de este conflicto es que experimentará problemas relacionados con la ira y la animadversión.

El agua estancada reduce la suerte de las estrellas de la montaña

74

Si los agujeros son la muerte de las montañas, la presencia de estanques y piscinas puede suponer una amenaza para las estrellas de la montaña auspiciosas. Los agujeros reducen toda la suerte relacionada con la salud, la longevidad y las relaciones.

Las cascadas pueden traer suerte

Sin embargo, si hay algún elemento decorativo como una cascada, el agua por ella misma no daña la estre-

Incluso las pequeñas cantidades de agua estancada, como un depósito para recoger agua de lluvia o un charco en su jardín, cuentan como un elemento con agua. Asegúrese de que este tipo de elemento no se encuentre junto a un sector de la montaña afortunado.

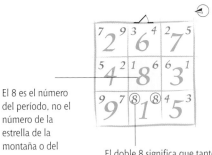

El 8 es el número del período, no el número de la estrella de la montaña o del agua.

El doble 8 significa que tanto la estrella de la montaña como la del agua tienen el afortunado número 8, lo que trae grandes riquezas y buenas relaciones.

lla de la montaña. De hecho, una cascada simboliza tanto a la estrella del agua como a la de la montaña, por lo que resulta un adorno excelente para los sectores en los que haya un 8 tanto en la estrella del agua como en la de la montaña, puesto que es un elemento decorativo que simboliza el doble 8, extremadamente auspicioso. Si su casa tiene este tipo de combinación afortunada de estrellas del agua y de la montaña, ya sea en la parte delantera de la casa o en la trasera, una cascada es el adorno ideal para su jardín.

75 Neutralizar las estrellas de la montaña negativas protege la armonía del hogar

un pequeño carillón de seis tubos de metal en el lugar afectado. Este carillón debería llevar una moneda talismán de latón con los 12 animales en una cara y el Pa Kua con trigramas celestiales en la otra.

Use el fuego para superar la ira

Para contrarrestar el número 3, que provoca hostilidad, enfados, malentendidos y disputas, use la energía fuego. Ponga color rojo en la parte afectada de la habitación: instale luces rojas brillantes o ponga cojines rojos en esa zona. También puede extender una alfombra roja o colgar un cuadro en el que predomine el rojo.

Use una pagoda para desviar la mala suerte

Para superar la estrella de la montaña número 5, que le traerá todo tipo de infortunios en sus relaciones, coloque una pagoda de los cinco elementos en ese sector. Es un remedio extremadamente eficaz contra esta poderosa aflicción.

El rojo oscuro, el naranja y el rosa simbolizan la energía fuego, que aplaca el número 3 de la estrella de la hostilidad.

Es fundamental neutralizar todas las estrellas de la montaña negativas que afecten a su hogar, es decir, aquellas con los números 2, 3, 5 y 7. Estos números harán mella en todas sus relaciones, pero puede remediar la situación siguiendo los siguientes pasos:

Use un carillón para protegerse contra la mala salud

Para aplacar la estrella de la montaña número 2, que trae mala salud o incluso enfermedades repentinas que podrían llegar a ser funestas, cuelgue

Use agua para mantenerse a salvo

Para superar la estrella de la montaña número 7, que comporta robos y engaños, ponga una urna con agua en el rincón afectado y use plantas o peces para transformarla en un elemento con agua yang.

Las estrellas del agua traen buena suerte en el dinero 76

Si las estrellas de la montaña positivas traen buena suerte en las relaciones, las estrellas del agua representadas por números afortunados traen suerte en el dinero. Si se activan y se cargan debidamente, las estrellas del agua auspiciosas provocan un aumento de los ingresos y una gran fortuna en el ámbito económico tanto a corto como a largo plazo. Se trata de uno de los aspectos más populares del feng shui. Siempre funciona, pero para que este método sea efectivo y mejore su prosperidad, deberá localizar con mucha precisión los puntos afectados por sus estrellas del agua auspiciosas. Para empezar, use siempre una brújula para comprobar la orientación de su casa, ya que sólo una vez la conozca con exactitud podrá elegir la cuadrícula de la estrella volante adecuada para ella. A continuación, bastará con superponer la cuadrícula a un plano de la disposición de su casa para que le oriente en la dirección adecuada.

Los números del agua simbolizan el potencial para la riqueza en una cuadrícula de la estrella volante (véase abajo).

Las estrellas del agua auspiciosas son el 1, el 4, el 6, el 8 y el 9.

Cobertura mundial

El método feng shui para localizar las estrellas del agua auspiciosas que conviene activar se puede aplicar con la misma eficacia en todos los países del mundo, tanto en los del hemisferio norte como en los del hemisferio sur. No hay ninguna diferencia en el uso de las orientaciones y las cuadrículas. La cuadrícula de la estrella volante se aplica exactamente igual en todas partes. Sólo debe recordar que no tiene que estimar o adivinar la orientación de la casa. Use siempre una brújula.

PREGUNTA Y RESPUESTA

¿Los números de las cuadrículas de la estrella volante se aplican igual en los países del hemisferio sur y en los del hemisferio norte?

Sin duda alguna. A lo largo de los últimos diez años, en algunos países del hemisferio sur como Australia y Sudáfrica se ha interpretado erróneamente que, al aplicar la fórmula feng shui de la brújula, se deben invertir los puntos cardinales una vez se cruza el ecuador. Es decir, el sur pasaría a ser el norte y el este se referiría al oeste. A consecuencia de ello, todos los que siguieron este razonamiento experimentaron efectos negativos a causa de su práctica del feng shui. Las cuadrículas y los números funcionan exactamente igual en todas las partes del mundo.

77 Ubique la estrella del agua 8 en su hogar para ser rico

Si quiere obtener ingresos realmente importantes y que su negocio pase de ser una pequeña empresa a una de enorme envergadura, busque el lugar que ocupa la estrella del agua 8 en su hogar. Ese es el lugar en el que se ubica la riqueza absoluta en su casa y es el punto que más se beneficiará de la presencia de agua real. Si vive en un piso, compre uno de los adornos con agua tan populares hoy en día. Recuerde que en el hogar no es necesario usar elementos con el agua en movimiento, ya que funcionan mejor en las tiendas y las empresas porque aumentan los beneficios de las ventas. En el hogar, es mejor buscar un recipiente en forma de cuenco con esmalte blanco que puede llenar de agua y, a continuación, lo puede activar con energía *chi* que induzca el yang y que puede conseguir con plantas y peces.

Jardines

Quienes vivan en casa pueden activar sus jardines o, como mínimo, la parte del jardín correspondiente a la estrella del agua 8.

- Como es muy efectivo, siempre recomiendo cavar un agujero en el suelo para instalar un estanque con peces o una piscina.

- Recuerde los tabús anuales (véase el consejo 43) y evite los puntos en los que es peligroso cavar a la hora de crear su «agujero de la prosperidad».

- Finalmente, asegúrese de que haya una abertura como una ventana o una puerta a través de la cual pueda entrar la energía *chi*.

PROYECTO

Un elemento con agua

Puede activar la estrella del agua 8 en su jardín superponiendo la cuadrícula de la estrella volante para su hogar encima de su jardín e instalando un elemento decorativo con una cascada.

La estrella del agua 8 es mejor en la parte delantera de la casa que en la trasera 78

Siempre es mejor que la estrella del agua 8 vuele al frente de la casa que a la parte de atrás, ya que las reglas del feng shui recomiendan la presencia de agua frente a la entrada. La visión de agua desde la casa casi siempre indica la existencia de un feng shui excelente, por lo que cuando la estrella del agua 8 también está situada en la parte delantera del edificio gozará de una doble bonanza. Además, según el feng shui taoísta, el concepto de la doble bondad multiplica la buena fortuna.

Animar la estrella del agua

Si puede hacerlo, trate de «llevar» la estrella del agua 8 a la parte delantera de la casa. Para lograrlo debe inclinar la puerta delantera de manera que quede en ángulo respecto a la pared frontal. Con ello generalmente se consigue llevar la estrella del agua de la parte trasera a la de delante. Puede inclinar la puerta hasta 45º a la izquierda o la derecha para formar una puerta en ángulo (véase el consejo 4). En el feng shui, también se cree que este tipo de puerta atrae riqueza y suerte, sobre todo a quien se dedica al comercio.

El agua fortalece la suerte en el dinero de las estrellas del agua 79

La presencia física de agua proporciona energía a las estrellas del agua con números auspiciosos y, pese a que la estrella del agua número 8 es la más fuerte y más poderosa de todas, hay otros números beneficiosos. Aparte del 8, la estrella del agua más auspiciosa es el 9, debido a que simboliza la prosperidad futura. Si logra activar tanto la estrella del agua 8 como la 9, su prosperidad durará largo tiempo.

Después del número 9 viene el número 1, que también es un número de agua. La estrella del agua 1 se debería activar con un pequeño elemento decorativo con agua. Es decisión suya la cantidad de elementos con agua que desea tener en su casa, pero el agua en pequeñas cantidades no causa ningún daño. Sin embargo, debe tener cuidado de no disponer de demasiados elementos con grandes cantidades de agua para que el efecto energizante del agua no sea excesivo.

Es importante que el agua no domine una casa. Esta piscina, por ejemplo, es demasiado grande para la casa.

80 La energía especial de las piscinas

Las piscinas son un ejemplo de elementos con grandes cantidades de agua, lo cual puede darle una buena suerte excelente en el ámbito del dinero. Sin embargo, es fundamental que su tamaño sea proporcional al de la casa. Una piscina nunca debe ser tan grande que empequeñezca la casa.

Dicho esto, si puede instalar una piscina en el lugar adecuado del jardín (el lugar en el que reside la estrella del agua número 8), le traerá una buena suerte asombrosa en el aspecto económico. Su efecto será el mismo aunque la piscina sea pequeña en comparación con la casa, un problema frecuente en las casas que se han ido ampliando a lo largo de los años sin que se agrandara también la piscina.

Independientemente del tamaño de su piscina, para sacar el máximo partido de su energía especial también debe tener una abertura cercana, como una puerta o una ventana que den a la casa, que permita que entre la energía auspiciosa del agua.

Agua yang

También es importante que la piscina no parezca estancada en ningún momento del día. Debería parecer una piscina de agua yang (en constante movimiento), por lo que es beneficioso instalar una pequeña fuente o cascada. Además, tenga en cuenta que debe parecer que el agua fluya en dirección a la puerta. Nunca tiene que dar la impresión de que el agua frente a la casa fluye alejándose de ella. Este detalle es fundamental a la hora de usar el agua para activar la suerte en el dinero.

Las piscinas pueden atraer energía que favorece la riqueza. Si puede, intente crear un efecto ondulante de forma que el agua parezca que fluya hacia la casa en lugar de alejarse.

Un estanque limpio y bullicioso con carpas trae abundancia

81

En lugar de una piscina, siempre puede construir un pequeño estanque para peces y llenarlo de carpas auspiciosas. Desde la perspectiva del feng shui, estos peces simbolizan una abundante suerte en el dinero. Si se ubica un estanque con carpas en el lugar que ocupa la estrella del agua 8, el pez traerá abundancia. Esto se debe a que en la tradición feng shui la palabra «pez» significa abundancia, así que, si los peces nadan felices en el lugar que ocupa la estrella del agua 8, generan energía yang, que trae abundancia y prosperidad.

Tenga a sus peces sanos y felices

Es importante que las carpas estén sanas y alegres para que jugueteen constantemente en el agua. Las personas que vivan en climas templados deberían procurar que el estanque tuviera calefacción en invierno. Las carpas no suelen resistir las temperaturas extremas. También debería disponer de un sistema de filtrado lo bastante grande para que el estanque se mantenga siempre impoluto. No hay nada peor que tener un estanque de peces sucio y turbio frente a su hogar. El agua mala y sucia es peor que la ausencia de agua en ese lugar, y tener peces enfermos es peor que no tener ninguno. Si decide tener peces por motivos relacionados con el feng shui (o por cualquier otra razón), debe aprender a cuidarlos como es debido. Si sus peces mueren, puede ser muy desmoralizante, y la energía *chi* que desprenden mientras están enfermos puede llegar a ser negativa.

Los chinos adoran las carpas. Las carpas sanas generan energía yang y prosperidad.

82 Cómo anular la energía de las estrellas del agua negativas

Cuando los números de las estrellas del agua son negativos y perniciosos, es necesario agotar su *chi*. Si no lo hace, le causarán pérdidas de dinero y otras de tipo financiero. Las estrellas del agua negativas son aquellas con los números 5, 2, 7 y 3. Si su suerte se ve perjudicada por estas estrellas del agua negativas, siga los siguientes consejos.

Contrarrestar los problemas de dinero

- **La estrella del agua 5** está afectada, según dicen, por el malicioso 5 amarillo, que trae pérdidas económicas. Para superar el efecto del 5 amarillo sobre su suerte en el dinero, debería exhibir muchas monedas metálicas de gran tamaño, ya que la presencia de metal agota la energía tierra del 5.

- **La estrella del agua 2** trae preocupaciones económicas y nervios derivados de problemas de dinero. Para anular estos efectos, use un carillón o seis monedas metálicas de gran tamaño. También puede neutralizar la estrella del

Colgar un símbolo de la longevidad con murciélagos a su alrededor protege contra las preocupaciones y los conflictos por temas económicos causados por la estrella del agua 2. En este colgante se incorporan partes de las alas de los murciélagos como motivo del diseño.

Seis grandes monedas de metal agotan los efectos negativos de las estrellas del agua 5 y 2, que provocan problemas económicos.

agua 2 mediante una imagen de 5 murciélagos alrededor de un símbolo de la longevidad, que puede encontrar en forma de placa o de colgante (véase la foto). Esto aliviará sus problemas económicos.

- **La estrella del agua 7** provoca robos. También puede hacer que entre gente en su vida que le estafará. Para evitar que esto ocurra, debería instalar un pequeño elemento con agua en el sector de su casa en el que aparece la estrella del agua 7.

- **La estrella del agua 3** desencadena disputas legales sobre dinero. Es una situación muy dolorosa y en absoluto agradable, así que debe neutralizar la energía negativa iluminando bien el lugar afectado por la estrella del agua 3. No apague la luz para que la energía fuego agote la energía madera de la estrella del agua 3.

Si coinciden buenas estrellas del agua y de la montaña, construya una cascada

83

En algunas de las cuadrículas de la estrella volante de los períodos 7 y 8 (véanse consejos 37 y 38) hay casas en las que tanto la estrella del agua como la de la montaña son auspiciosas, por ejemplo cuando el número 8 se repite como estrella del agua y de la montaña. Esto suele implicar que los residentes deben elegir entre activar su suerte en el dinero (usando agua) o su fortuna en las relaciones (usando símbolos de la montaña). Evidentemente, ambos tipos de suerte son positivos e igualmente importantes.

Lo mejor de ambos elementos

Si le cuesta decidir cuál debe activar, invierta algo de dinero y un poco de esfuerzo en construir una cascada. La presencia de una cascada activa simultáneamente la energía de la montaña y la del agua.

Cómo activar la suerte

Si las estrellas del agua y la montaña son un doble 8 situado frente a la casa, cerca de la puerta principal, debería construir la cascada en el jardín, justo frente a la puerta. Sin embargo, recuerde no construirla a la derecha de la puerta (visto desde el interior de la casa), ya que, si lo hace, podría provocar que el hombre de la casa se fijara en otras mujeres, lo cual no ayuda en nada a crear un hogar

alegre y armonioso. Para más detalles, consulte el consejo 7.

Si el doble 8 en las estrellas del agua y la montaña se encuentra en la parte trasera de la casa, lo ideal es que la cascada también esté situada en la parte de atrás. Es importante que haya una abertura, como una puerta o una ventana, cerca de la cascada para que el *chi* beneficioso pueda entrar en la casa.

No es preciso que la cascada sea grande. Una sencilla pila de piedras puede capturar la energía positiva del agua y la montaña.

84 Mantenga encerradas las estrellas del agua de la mala suerte

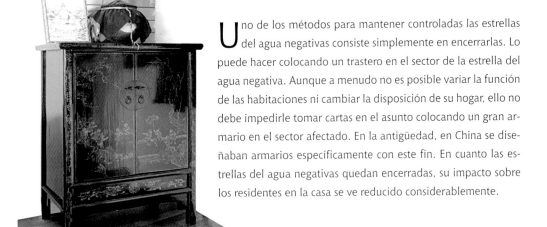

Un armario colocado en el lugar donde se generan las estrellas del agua negativas, bloquea la mala suerte.

Uno de los métodos para mantener controladas las estrellas del agua negativas consiste simplemente en encerrarlas. Lo puede hacer colocando un trastero en el sector de la estrella del agua negativa. Aunque a menudo no es posible variar la función de las habitaciones ni cambiar la disposición de su hogar, ello no debe impedirle tomar cartas en el asunto colocando un gran armario en el sector afectado. En la antigüedad, en China se diseñaban armarios específicamente con este fin. En cuanto las estrellas del agua negativas quedan encerradas, su impacto sobre los residentes en la casa se ve reducido considerablemente.

85 Una cascada de seis niveles unifica las energías del cielo y la tierra

Uno de los secretos mejor guardados en lo relativo a la construcción de elementos de agua artificiales es la cascada de seis niveles. Este tipo de cascada es excelente para activar un doble 8 en la cuadrícula de la estrella volante. La cascada representa la unidad del cielo y la tierra y, si la coloca cerca de una abertura que da al interior de la casa, también deja entrar en ella la energía de la humanidad. Esta conjunción de la trinidad del cielo, la tierra y la humanidad es la base del feng shui más exquisito.

Los seis niveles de la cascada son relevantes, puesto que el número 6 representa el cielo, mientras que la energía que fluye hacia abajo simboliza la tierra. En un paisaje más amplio, el agua baja lentamente por las montañas y lleva riqueza y felicidad a los que viven abajo. Si quiere, puede criar peces en el interior del estanque situado en la base de la cascada. Si no, también puede decorarla con plantas y lirios de agua.

Una cascada de seis niveles simboliza la energía del cielo, la tierra y la humanidad en armonía.

Cree un estanque puro para lograr la armonía familiar 86

Haga como yo y cree un estanque puro. Se trata de un estanque creado con el único fin de salvar los pececillos minúsculos que puede comprar en las tiendas de animales. Suelen ser peces débiles e imperfectos que se venden como comida viva para el tipo de peces hermosos que se cuidan y alimentan por su belleza y su significado auspicioso. En el Oriente, un ejemplo de este pez es el *arowana* o pez dragón. Las personas que cuidan *arowanas* para tener suerte prefieren alimentarlos con peces vivos en vez de acostumbrar al *arowana* a comer pienso de pescado.

Cómo llenar el estanque

Compre varias bolsas de estos desafortunados pececitos un día auspicioso y libérelos a todos en el interior de su estanque puro. Los peces le sorprenderán generando una energía agua alegre en el interior del estanque y, en cuestión de meses, habrán crecido hasta convertirse en peces coloridos y de tamaño considerable. Evidentemente, traen mucha suerte, porque el simple acto de salvar a estas pequeñas criaturas crea buen karma. Además, esta es una de las mejores maneras de crear las buenas vibraciones que favorecen la armonía familiar.

Rescatar los pececitos minúsculos que se venden como alimento para otros tipos de peces crea energía positiva y buenas relaciones familiares.

87 Coloque la imagen de un dragón cerca de su elemento con agua para darle más eficacia

Uno de los secretos poco conocidos del feng shui es que, si desea que sus elementos decorativos con agua sean más eficaces, basta con que coloque algunos dragones cerca del borde del agua o incluso dentro de ella. Evidentemente no nos referimos a dragones de verdad, sino a dragones de metal, de mármol o de coral de cualquier medida y en cualquier postura. Mientras parezcan felices («el dragón sediento aplaca su sed»), la presencia de los dragones dota al agua de la energía de la guarida del dragón. Esto es lo que genera el *chi* positivo preciso para activar el agua.

La presencia de un dragón cerca de agua yang da más poder y energía a su elemento decorativo con agua.

88 Tortugas y galápagos en el norte

Si se está planteando la posibilidad de instalar un elemento con agua como un estanque, una cascada o, simplemente, una pequeña urna llena de agua para el sector norte de su hogar, es buena idea añadirle un par de estatuillas representando una tortuga o un galápago.

Entre los chinos, la tortuga se considera una de las más benevolentes de las criaturas celestiales. Le protegerá y le apoyará, tanto a usted como a sus ideales, y también representa la longevidad. Es muy beneficioso tener por lo menos una imagen de la tortuga en cada hogar. Muchos maestros de feng shui incluso consideran que la imagen de la tortuga es tan poderosa como la del dragón o incluso más. A consecuencia de este parecer, en algún momento de la última dinastía Ching apareció la imagen del dragón tortuga, que se dice que com-

El dragón tortuga combina los poderes de la tortuga y el dragón.

La tortuga simboliza el apoyo.

bina el apoyo y el poder de la tortuga con el calor y la bravura del dragón. Juntas, las dos criaturas crean un feng shui muy poderoso y, por consiguiente, colocar una imagen de un dragón tortuga cerca de los elementos con agua de su hogar y su jardín se considera enormemente auspicioso.

La fórmula Kua de las ocho mansiones en el feng shui 89

El método de las ocho mansiones del feng shui clasifica los hogares según si forman pare del grupo del este o del grupo del oeste. Las casas del grupo del este están orientadas hacia el norte, el sur, el este o el sudeste; las del grupo del oeste están orientadas hacia el oeste, el sudoeste, el noroeste y el nordeste.

Cómo encontrar su grupo

Quien ya conozca este método de feng shui sabe que también clasifica a las personas según si pertenecen al grupo del este o al del oeste basándose en su número Kua. Este número se calcula según el sexo y el año lunar de nacimiento (véase el consejo 19).

¿Grupo del este o del oeste?

Para calcular su número Kua sume los dos últimos dígitos de su año de nacimiento y siga sumando hasta obtener un número de una sola cifra. A continuación, si es usted hombre, reste este número de 10 y el resultado es su número Kua; si es mujer, añada 5 a este total y el resultado será su número Kua (véase el consejo 19).

Números Kua	Grupo	Orientaciones afortunadas
1, 3, 4, 9	Este	Norte, sur, este, sudoeste
2, 5, 6, 7, 8	Oeste	Oeste, noroeste, sudoeste, nordeste

Memorice su número Kua y no olvide capturar su orientación auspiciosa en todo momento. Si lo hace, marcará para siempre su feng shui personalizado. Lo único que debe hacer es recordar, en todo momento, sentarse, charlar, hablar, negociar, pronunciar discursos, comer y dormir en una de las cuatro orientaciones que correspondan a su grupo personal (este u oeste). En el dormitorio, si duerme con la cabeza apuntando hacia una de sus direcciones auspiciosas, sin duda el feng shui de su sueño será excelente. Por este motivo debe tener siempre muy presentes las direcciones del grupo del este y del grupo del oeste.

Intente sentarse siempre hacia sus orientaciones positivas cuando trabaje, coma e incluso mientras vea la televisión. Si quiere gozar de buenas relaciones familiares, duerma con la cabeza apuntando hacia su dirección auspiciosa *nien yen* (véase el consejo 19).

90 El mapa de las ocho mansiones de la suerte de la casa

La fórmula de las ocho mansiones (véanse los consejos 19 y 91) no es sólo una fórmula personalizada, sino que también revela la distribución de la suerte en cualquier casa. Todos los edificios se pueden clasificar en uno de los ocho tipos de casa según su orientación. Generalmente, la orientación coincide con la de la puerta principal, pero, si esta puerta resulta ser lateral, la orientación suele corresponder a la de la puerta de entrada a la parcela o al lugar en el que se halla más energía yang (véase consejo 3).

Cómo usar la cuadrícula

La cuadrícula muestra qué sectores de la casa gozan de los cuatro tipos de buena suerte y de los cuatro tipos de mala suerte (véase derecha).

Según la orientación de su casa, puede identificar la cuadrícula de las ocho mansiones aplicable a su hogar. Elija la cuadrícula adecuada y superpóngala a un plano para identificar los sectores de buena y mala suerte. Los ocho consejos le mostrarán qué cuadrícula debe aplicar a cada una de las ocho

Si trabaja en casa, es importante que compruebe que su despacho está situado en su sector afortunado y, si no, use remedios para contrarrestar cualquier energía negativa.

El mapa de la suerte de las ocho mansiones

Palacio del frente — Palacio principal

NIEN YEN *Amor*	SHENG CHI *Éxito*	HO HAI *Mala suerte*
FU WEI *Crecimiento personal*	KUA 3 SENTADO EN EL NORTE	CHUEH MING *Pérdida total*
LIU SHA *Seis asesinatos*	TIEN YI *Salud*	WU GWEI *Cinco fantasmas*

Palacio del fondo

Los cuatro tipos de buena suerte son:

1 **Sheng chi:** prosperidad, crecimiento, expansión, éxito y riquezas.
2 **Nien yen:** matrimonio, relaciones, amor y familia.
3 **Tien yi:** buena salud, bienestar y ausencia de enfermedades.
4 **Fu wei:** desarrollo personal y ascenso.

Los cuatro tipos de mala suerte son:

1 **Ho hai:** mala suerte moderada, accidentes y hechos similares.
2 **Wu gwei:** que significa cinco fantasmas, gente que quiere dañarle.
3 **Liu sha:** que significa seis asesinatos o seis tipos de mala suerte.
4 **Chueh ming:** pérdida total y enorme infortunio.

orientaciones posibles; así pues, lo único que debe hacer es leer el capítulo aplicable a su casa para descubrir cómo puede mejorar los sectores desafortunados. Tenga siempre presente que el palacio del fondo y el palacio del frente son los que ejercen más influencia en la suerte de los residentes. En general, el palacio del frente está delante en el centro, mientras que el del fondo está en la parte de atrás.

Cómo optimizar los sectores de una casa orientada hacia el sur   91

Una casa orientada hacia el sur se describe como sentada en el norte mirando hacia el sur. A continuación, mostramos la cuadrícula de una casa orientada hacia el sur. Observe que la suerte *sheng chi* reside en el palacio del frente, correspondiente a la zona sur de la casa. Cabe tener presente que se considera que la suerte *sheng chi* pertenece al elemento madera, por lo que, al volar hacia el sur, la madera queda agotada por el la energía fuego del sur. A menos que la energía madera de esta parte de la casa se refuerce mediante la presencia de agua, la suerte *sheng chi* que trae prosperidad y éxitos a los residentes se verá limitada, en vista de lo cual es buena idea colocar un elemento con agua en el palacio del frente de esta casa. En cuanto al resto de la casa, su análisis es el siguiente:

La madera en la parte sur de una casa orientada hacia el sur trae buena suerte, pero se debe fortalecer con el elemento agua usando un ornamento con agua auspicioso.

Análisis de la suerte de una casa orientada hacia el sur

La suerte en el amor, metal, vuela a la madera del sudeste. Aquí, la suerte en el amor es fuerte, así que no es preciso hacer nada.

La suerte en el crecimiento personal, *chi* madera, vuela al este, que también es madera, con lo que la suerte queda reforzada. No es necesario hacer nada, pero no tenga demasiada madera en este sector, ya que causaría un exceso de intensidad.

Los seis asesinatos pertenecen al elemento agua y, cuando vuelan al nordeste, tierra, quedan aplastados por la energía tierra. No es necesario hacer nada, dado que los seis asesinatos quedan bajo control.

SE	**S**	**SO**
NIEN YEN *Amor*	SHENG CHI *Éxito*	HO HAI *Mala suerte*
FU WEI *Crecimiento personal*	KUA 3 SENTADO EN EL NORTE	CHUEH MING *Pérdida total*
LIU SHA *Seis asesinatos*	TIEN YI *Salud*	WU GWEI *Cinco fantasmas*
NE	**N**	**NO**

E (izquierda) / *O* (derecha)

La mala suerte *ho hai* es *chi* tierra y, al volar al sudoeste, su *chi* infortunado queda fortalecido. En esta casa, por lo tanto, conviene dotar este sector de energía metal para agotar la mala suerte.

Chueh ming –o la mala suerte de la pérdida total– tiene *chi* metal, y el hecho de que vuele al oeste, que también es metal, la fortalece. Por este motivo necesitamos energía agua en este punto para agotar la mala suerte.

El palacio del centro (norte) trae buena suerte para la salud. Aquí, el *chi* tierra vuela dentro del agua, por lo que la suerte en la salud se debilita. La energía fuego fortalecerá la tierra y traerá mejor suerte en la salud.

Wu gwei tiene energía fuego y, al volar al noroeste, metal, queda fortalecida. La mala suerte de los cinco fantasmas precisa control y agotamiento, para lo cual debe colocar energía tierra, como cristales, en este sector.

92 Cómo aprovechar al máximo una casa orientada hacia el norte

El sector norte de una casa orientada hacia el norte (en este caso, la parte de la puerta principal) nos ofrece una buena suerte que puede reforzarse usando agua.

Una casa orientada hacia el sur se describe como sentada en el sur mirando hacia el norte. A continuación, incluimos la cuadrícula de las ocho mansiones de una casa orientada hacia el norte. Observe que la suerte *sheng chi* reside en el palacio del frente de la casa, es decir, la zona norte. Como la suerte *sheng chi* pertenece al elemento madera, al volar hacia el norte queda fortalecida por la energía agua del norte. Así pues, la presencia de agua en este punto aumenta la suerte feng shui, que proporciona prosperidad y éxito a los residentes en la casa. Es buena idea colocar agua en el palacio del frente de esta casa o no hacer nada en absoluto, dado que ya es una zona bastante afortunada. En cuanto al resto de partes de la casa, el análisis es el siguiente:

Análisis de la suerte de una casa orientada hacia el norte

La mala suerte tiene *chi* tierra, que vuela al noroeste, metal. Aquí, el *chi* desafortunado se anulará de forma natural, por lo que no es preciso hacer nada.

La suerte de la pérdida total tiene *chi* metal y, al volar al nordeste, que es tierra, se ve considerablemente fortalecida, con lo que debe usar energía agua para agotar la mala suerte.

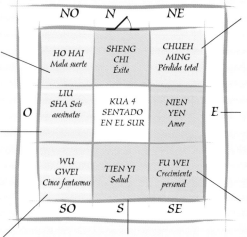

El *chi* de los seis asesinatos pertenece al elemento agua y, cuando vuela al sector oeste, metal, se expande. Agote el elemento agua usando mucha energía madera, para lo cual debe colocar plantas en este sector.

La suerte en el amor, metal, vuela al este, madera. En esta ubicación, la estrella del romance, *nien yen*, es fuerte, así que no es necesario hacer nada.

Los cinco fantasmas pertenecen a la energía fuego y, al volar al sudeste, tierra, quedan agotados. No es necesario hacer nada.

El palacio del centro (sur) ofrece buena suerte en la salud. En este caso, el *chi yi* tierra vuela a un sector del elemento fuego y de este modo mejora la buena salud de los residentes. No es necesario hacer nada.

La suerte en el crecimiento personal, *chi* madera, vuela al sudeste, que también es madera, por lo que queda reforzada y no es necesario hacer nada. Sin embargo, evite poner demasiada madera en este sector o la energía será excesivamente intensa.

Las casas orientadas hacia el oeste se describen como sentadas en el este mirando hacia el oeste. A continuación, incluimos la cuadrícula de las ocho mansiones de una casa orientada hacia el oeste. Observe que, de nuevo, la suerte *sheng chi* se encuentra en el palacio del frente, o el sector oeste de la casa. Como la suerte *sheng chi* pertenece al elemento madera, al volar al sector oeste queda destruida por la energía metal del sector. Así pues, la presencia de agua en este lugar es crucial, dado que expande la suerte *sheng chi*, lo cual trae prosperidad y éxitos a la vez que debilita y agota el metal que daña al *sheng chi*. En vista de ello, colocar agua en la parte delantera de la casa trabajará a favor de que su suerte sea próspera. En cuanto al resto de sectores, el análisis es el siguiente:

El *sheng chi*, portador del éxito, es madera, pero el elemento metal del sector oeste de una casa orientada en esa dirección lo agota, por lo que debe usar agua para fortalecer la madera.

Análisis de la suerte de una casa orientada hacia el oeste

La suerte en el amor, metal, vuela al sudeste, que es madera. En esta ubicación, el metal de la estrella del amor se ve fortalecido por la energía tierra del sector, por lo que no es preciso hacer nada salvo colocar símbolos del amor para estimular este tipo de suerte.

El *chi* de la pérdida total, metal, queda destruido al volar al fuego del sur, así que no es preciso hacer nada más.

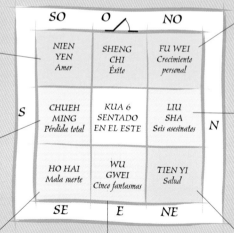

SO	O	NO
NIEN YEN *Amor*	SHENG CHI *Éxito*	FU WEI *Crecimiento personal*
CHUEH MING *Pérdida total*	KUA 6 SENTADO EN EL ESTE	LIU SHA *Seis asesinatos*
HO HAI *Mala suerte*	WU GWEI *Cinco fantasmas*	TIEN YI *Salud*
SE	E	NE

La suerte del crecimiento personal, que tiene *chi* madera, vuela al noroeste, que es metal y destruye la madera. Coloque agua en este sector para fortalecer esta suerte agotando el metal de la zona.

El *chi* de los seis asesinatos tiene elemento agua y, cuando vuela al norte, sector de agua, se expande. Agote el agua con mucha energía madera, para lo cual debe poner plantas en este punto.

La mala suerte *ho hai* es *chi* tierra y, al volar al sudeste, que es madera, queda destruida por el *chi* madera. No es necesario hacer nada.

El palacio del centro (este) tiene la suerte de los cinco fantasmas y energía fuego, reforzada por la energía madera del sector. Coloque tierra en este punto para agotar la energía fuego (por ejemplo, rocas o cristales) y evitará muchos problemas.

La suerte de la buena salud tiene elemento tierra y se halla en el sector nordeste, que también es tierra, con lo que no es necesario hacer nada. Los residentes en esta casa gozarán de buena salud.

94

Cómo lograr el equilibrio y la armonía en una casa orientada hacia el este

Una casa orientada hacia el este se describe como sentada en el oeste mirando hacia el este. A continuación, incluimos la cuadrícula de las ocho mansiones correspondiente a una casa orientada hacia el este. Observe que la suerte *sheng chi* reside en el palacio del frente, en el sector este de la casa. Como la suerte *sheng chi* pertenece al elemento madera, al volar al sector este se ve fortalecida por la energía madera del este, por lo que la suerte *sheng chi*, que trae prosperidad y éxito a los residentes de la casa, se ve reforzada. En cuanto al resto de sectores, su análisis queda como sigue:

El sector este de una casa orientada hacia este punto es afortunado porque comparte el elemento madera con la suerte *sheng chi*.

Análisis de la suerte de una casa orientada hacia el este

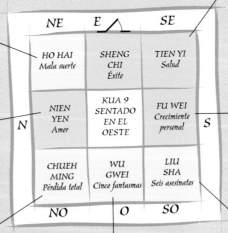

La mala suerte *ho hai* posee *chi* tierra y, al volar al nordeste, que también es tierra, queda fortalecida. A consecuencia de ello, es buena idea aplicar elementos de metal en este lugar para agotar la energía tierra de la mala suerte.

El metal de la suerte en el amor vuela al norte, que es agua. En esta situación, la energía agua del sector agota el metal de *nien yen*, la estrella del amor, por lo que debería instalar más elementos tierra que fortalezcan la suerte en el amor.

La suerte de la pérdida total tiene *chi* metal y, al volar al noroeste, que también es metal, se ve reforzada. Es muy importante colocar agua en este sector para agotar el elemento metal y proteger al patriarca de la familia del mal *chi* de la pérdida total.

El palacio del centro (oeste) tiene la suerte de los cinco fantasmas. Aquí, la energía fuego de los cinco fantasmas queda aplacada por la energía metal del sector, a la cual destruye. Introduzca más elementos tierra, como cristales o rocas, para controlarlos.

La suerte *tien yi*, que trae buena salud y pertenece al elemento tierra, se halla en el sector sudeste, que es agua. En este caso, la tierra es dominante y es buena idea incorporar el elemento fuego si quiere mejorar la suerte en la salud de los residentes.

La suerte del crecimiento personal, cuyo *chi* es madera, queda agotada por el *chi* fuego del sur. Para reforzar la madera y destruir la energía fuego, ponga agua en este sector.

El *chi* de los seis asesinatos pertenece al elemento agua y, cuando vuela al sudoeste, que es tierra, queda destruido, así que no es necesario hacer nada.

Cuadrícula de las ocho mansiones

NE	E	SE
HO HAI *Mala suerte*	SHENG CHI *Éxito*	TIEN YI *Salud*
NIEN YEN *Amor*	KUA 9 SENTADO EN EL OESTE	FU WEI *Crecimiento personal*
CHUEH MING *Pérdida total*	WU GWEI *Cinco fantasmas*	LIU SHA *Seis asesinatos*
NO	O	SO

Cómo capturar el *sheng chi* en una casa orientada hacia el sudoeste

95

Un hogar orientado hacia el sudoeste se describe como sentado en el nordeste mirando hacia el sudoeste. A continuación, incluimos la cuadrícula de las ocho mansiones de una casa orientada en esa dirección. Observe que la suerte *sheng chi* reside en el palacio del frente, el sector sudoeste de la casa. Como la suerte *sheng chi* pertenece al elemento madera, al viajar al sudoeste destruye el elemento tierra allí presente. Es buena idea colocar agua en ese sector para fortalecer la suerte *sheng chi*. En cuanto al resto de sectores, su análisis es el siguiente:

Análisis de la suerte de una casa orientada hacia el sudoeste

El metal de la suerte en el amor vuela al oeste, que también es metal, donde se fortalece, por lo que no es necesario hacer nada en este sector.

La mala suerte tiene *chi* tierra, que se ve fortalecido por la energía del sur. Instale algún remedio que emplee la energía metal para agotar el *chi* tierra de *ho hai*. Cuelgue carillones de seis tubos para acabar con la mala suerte.

La pérdida total tiene *chi* metal y, al volar al sudeste, que es madera, queda aplacada. Agote la mala suerte de *chueh ming* colocando agua en este sector.

Tien yi, la suerte en la salud, cuyo *chi* es tierra, vuela al noroeste, que es metal, por lo que el metal agota a la tierra. Fortalezca la suerte en la salud con más energía tierra. Instale una luz brillante en este sector para proteger la suerte en la salud de los residentes.

	S	SO	O	
SE	HO HAI *Mala suerte*	SHENG CHI *Éxito*	NIEN YEN *Amor*	NO
	CHUEH MING *Pérdida total*	KUA 5/8 SENTADO EN EL NE	TIEN YI *Salud*	
	LIU SHA *Seis asesinatos*	FU WEI *Crecimiento personal*	WU GWEI *Cinco fantasmas*	
	E	NE	N	

El *chi* agua de los seis asesinatos vuela al sector este, madera, y queda agotado. No es preciso hacer nada.

El palacio del centro (nordeste) trae suerte para el crecimiento personal. Aquí, el *chi* madera vuela a un sector cuyo elemento es la tierra. Fortalezca aún más la madera con un pequeño elemento con agua.

Wu gwei, o la suerte de los cinco fantasmas, pertenece al elemento fuego. Al volar hacia el norte encuentra agua, que lo destruye. No es preciso hacer nada más.

La tierra, el elemento del sudoeste, choca con el elemento madera del *sheng chi* de la suerte para lograr el éxito. El agua en el sector sudoeste dispara el *chi* madera y, por lo tanto, la suerte *sheng chi*.

96 Cómo aplacar los sectores de mala suerte en una casa orientada hacia el sudeste

Una casa orientada hacia el sudeste se describe como sentada en el noroeste mirando hacia el sudeste. A continuación, mostramos la cuadrícula de las ocho mansiones de una casa orientada hacia el sudeste. Observe que la suerte *sheng chi* reside en el palacio del frente, situado en el sudeste de la casa. Como la suerte *sheng chi* pertenece al elemento madera y viaja a un sector del mismo elemento, se fortalece, y esto atrae la suerte y la prosperidad a los habitantes de la casa. Es buena idea colocar agua en el palacio del frente de la casa, aunque también se puede optar por no hacer nada en absoluto, dado que ya es un rincón bastante afortunado. En cuanto al resto de sectores, su análisis es el siguiente:

Esta casa orientada hacia el sudeste goza de buena suerte intrínseca, algo muy beneficioso para la gente que vive en ciudades y dispone de poco espacio en la entrada para colocar remedios y mejoras como plantas y elementos acuáticos.

Análisis de la suerte de una casa orientada hacia el sudeste

El *chi* de la suerte en la salud pertenece al elemento tierra y, cuando vuela al sector madera del este, queda destruida. Fortalezca el elemento tierra mediante abundante energía fuego. Instale luces brillantes en este punto para tener buena suerte en la salud.

La suerte de los cinco fantasmas pertenece a la energía fuego y, al volar al nordeste, tierra, queda agitada. No es preciso hacer nada más.

La suerte para el crecimiento personal, cuyo *chi* es madera, vuela al norte, agua. La madera sale vigorizada y no es necesario hacer nada.

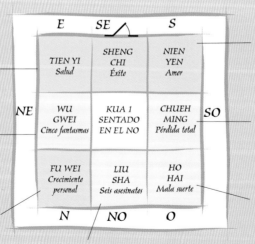

E	SE /\	S
TIEN YI *Salud*	SHENG CHI *Éxito*	NIEN YEN *Amor*
WU GWEI *Cinco fantasmas*	KUA 1 SENTADO EN EL NO	CHUEH MING *Pérdida total*
FU WEI *Crecimiento personal*	LIU SHA *Seis asesinatos*	HO HAI *Mala suerte*
N	NO	O

NE (izquierda) — *SO* (derecha)

La suerte en el amor, metal, vuela al sur, fuego, que la destruye, así que debe colocar energía tierra, como rocas o cristales, en este sector.

La suerte de la pérdida total tiene *chi* metal y, al volar al sudoeste, que es tierra, se fortalece considerablemente. Utilice energía agua para agotar la mala suerte de *chueh ming*.

La mala suerte *ho hai* tiene *chi* tierra y, al volar al oeste, metal, queda agotada, lo cual es positivo. No es preciso hacer nada.

El palacio central (noroeste) tiene la suerte de los seis asesinatos, que pertenece al elemento agua, y vuela al sector de metal. Aquí los seis asesinatos son poderosos y se deben agotar con madera.

Cómo atraer la buena suerte a una casa orientada hacia el noroeste

Una casa orientada hacia el noroeste se describe como sentada en el sudeste mirando hacia el noroeste. A continuación, incluimos la cuadrícula de las ocho mansiones de una casa orientada hacia el noroeste. Observe que la suerte *sheng chi* reside en el palacio del frente, en el sector noroeste de la casa. Como la suerte *sheng chi* pertenece al elemento madera, al volar al noroeste queda destruida por el elemento metal. Es necesario colocar agua en este lugar para fortalecer la suerte *sheng chi*, que lleva prosperidad y éxito a los residentes de esta casa. Por este motivo, introducir agua en el palacio del frente es una buena idea en esta casa. En cuanto al resto de sectores, su análisis es el siguiente:

Un elemento con agua, como un estanque en el sector noroeste de una casa orientada en esa dirección, trae riqueza a sus habitantes.

Análisis de la suerte de una casa orientada hacia el noroeste

La suerte en el crecimiento personal, cuyo *chi* es madera, vuela al oeste, donde queda destruida por el metal. Ponga agua en este punto para agotar el metal y fortalecer la suerte *fu wei*.

La suerte *tien yi*, que trae buena salud y pertenece al elemento tierra, se halla en el sudoeste, también tierra. No es necesario tomar ninguna medida, ya que los habitantes de esta casa gozarán de buena salud.

El *chi* de los cinco fantasmas es muy poderoso ya que la energía fuego vence al chi del metal del noroeste. Colocar agua enfrente de la casa reducirá los malos efectos del chi de los cinco fantasmas.

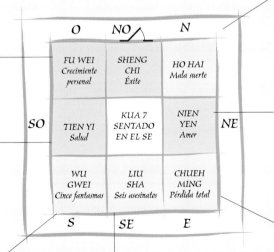

La mala suerte *ho hai* tiene *chi* tierra y, al volar al norte, que es agua, queda aplacada. Agote el *chi* de la mala suerte con energía metal colocando un carillón de seis tubos elaborado completamente de metal.

Nien yen, la suerte en el amor, metal, vuela al nordeste, que es tierra. Aquí, la estrella del amor se ve reforzada por la energía tierra del sector, por lo que no es preciso realizar nada excepto colocar símbolos del amor para estimular este tipo de suerte.

La suerte de la pérdida total tiene *chi* metal y, al volar al este, que es madera, queda aplacada. Agote la suerte *chueh ming* colocando un elemento de agua en este sector.

El palacio central (sudeste) tiene la suerte de los seis asesinatos. Aquí, la energía agua de los seis asesinatos se agota a causa de la madera presente en el sector sudeste. No es preciso hacer nada.

98 Cómo optimizar las energías de las ocho mansiones en una casa orientada hacia el nordeste

Una casa orientada hacia el nordeste se describe como sentada en el sudoeste mirando hacia el nordeste. A continuación, incluimos la cuadrícula de las ocho mansiones de una casa orientada hacia el nordeste. Observe que la suerte *sheng chi* reside en el palacio del frente, el sector nordeste de la casa. Como la suerte *sheng chi* pertenece al elemento madera, al volar al sector nordeste queda aplacada por la energía tierra que allí encuentra. Es preciso fortalecerla y la presencia de agua en este lugar ampliará la suerte *sheng chi*, con lo que se logrará prosperidad y éxitos para todos los habitantes de la casa. Conviene colocar un elemento con agua en el palacio del frente de estas casas. En cuanto al resto de los sectores, su análisis es el siguiente:

Si no puede incorporar un elemento con agua al sector nordeste de su hogar, orientado en esa dirección, puede simbolizar el agua pintando de color azul su puerta principal.

Análisis de la suerte de una casa orientada hacia el nordeste

La suerte de la pérdida total tiene *chi* metal y, al volar al norte, que es agua, queda considerablemente agotada y debilitada. No se necesita hacer nada más.

La mala suerte *ho hai* posee *chi* tierra y, al volar hacia el este, que es madera, queda destruida, lo cual es positivo. No es preciso hacer nada.

La suerte de los cinco fantasmas posee energía fuego y, al volar al sudeste, madera, se fortalece. Coloque cristales en esta zona para proteger a los habitantes de gente peligrosa.

La suerte en el amor, metal, vuela al noroeste, que también es metal. En esta ubicación, la estrella del amor es poderosa, así que no hace falta tomar ninguna medida.

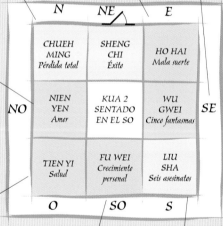

Tien yi, la suerte en la salud, cuyo *chi* es madera, vuela al oeste, que es metal. En esta situación, el metal destruye la madera, que exige ser fortalecida para que los habitantes de la casa no sufran problemas de salud. Coloque agua en este punto para alimentar el *chi* madera. El agua también agota el metal dañino.

El palacio central (sudoeste) posee la suerte para el crecimiento personal, cuyo elemento es la madera. El *chi* madera vuela a un sector de tierra, por lo que la suerte para el desarrollo de los habitantes de la casa debe ser reforzada. Use agua.

El *chi* de los seis asesinatos pertenece al elemento agua y, al volar al sector sur, fuego, no queda lo bastante debilitado. Agote el elemento agua usando mucha energía madera, para lo que debería colocar plantas en esta zona.

La poderosa influencia de los especiales de la estrella volante 99

Uno de los aspectos más excitantes del feng shui de la estrella volante es la profundidad de sus abundantes indicadores de un feng shui potencialmente poderoso. Hace mucho tiempo, los métodos de la estrella volante eran un secreto celosamente guardado y los maestros de feng shui de la vieja escuela se limitaban a dejar a sus clientes asombrados ante la cantidad de recomendaciones que les presentaban. Las explicaciones no eran habituales y, en consecuencia, mucha gente desconocía el motivo por el que debía cambiar la orientación de su puerta, inclinar la entrada o cambiar el color de las paredes. Lo único que se les ofrecía eran aterradoras advertencias sobre infortunios futuros en caso de que no siguieran los consejos al pie de la letra. En el siglo xx también escaseaban los maestros de feng shui con paciencia suficiente para dar explicaciones, aunque conocían al dedillo los entresijos esotéricos de las fórmulas basadas en la orientación. La mayoría habían aprendido practicando con otros maestros, y muy pocos de ellos habían ido a escuelas o habían recibido la formación disciplinada a la que estamos acostumbrados actualmente.

El feng shui moderno

En la actualidad, las personas que estudian junto a maestros con experiencia aprenden mejor si suman a la práctica la lectura de libros, la investigación y la experimentación. Hoy en día, casi todo el mundo tiene la emocionante posibilidad de acceder a los métodos mediante los cuales el feng shui de la estrella volante analiza las casas y da consejos para mejorar su feng shui. Sin embargo, si desea profundizar más en el método, debe aprender algunas cosas sobre los «especiales», distintas combinaciones de números que traen una buena fortuna extremadamente poderosa. Las casas que se hayan transformado en hogares del período 8 se podrán beneficiar de una buena suerte asombrosamente excepcional. A lo largo de los próximos ocho consejos ofreceremos una lista de especiales. Puede elegir entre buscar una casa que presente algunas de las combinaciones descritas o tratar de transformar su vivienda actual para gozar de sus beneficios.

Las fórmulas especiales del feng shui de la estrella volante se basan en las energías del mundo natural: el agua y la tierra o las montañas.

100 Las casas orientadas hacia el sudoeste y el nordeste gozan de un tipo concreto de suerte debido a los «especiales»

Hace unos años, mientras me preparaba para el nuevo período, uno de los descubrimientos más interesantes que hice durante el análisis de las cuadrículas del período 8 fue la buena fortuna, realmente asombrosa, que espera a los habitantes de las casas orientadas en el eje sudoeste/nordeste. Si observa las cuadrículas del período que hemos visto con anterioridad (véanse los consejos 38 y 39) verá que las casas del período 8 orientadas hacia sudoeste 1 o nordeste 1 gozarán del especial de la suma de diez, mientras que las casas orientadas hacia sudoeste 2 o nordeste 2 gozarán del especial de las combinaciones del mismo patrón. Hay que tener en cuenta que:

Las casas encaradas al sudoeste o al noreste se hallan en lo que se conoce como eje de la tierra. En feng shui, el elemento tierra se asocia con la suerte en las relaciones.

¿Se beneficia su casa de la suerte de los «especiales»?

Las casas orientadas hacia nordeste 1 y 2/3 o sudoeste 1 y 2/3 poseen combinaciones especiales de números (consulte los consejos 103 y 104).

Nordeste 1

Sudoeste 1

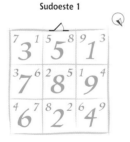

Nordeste 2/3

Sudoeste 2/3

- **El especial de la suma de diez** trae una suerte excelente en las relaciones o el dinero.

- **El especial de las combinaciones del mismo patrón** ofrece una gran fortuna a la familia a lo largo de tres generaciones o 180 años de buena suerte continuada.

¿Cuáles son los efectos de los «especiales» de la estrella volante?

Estos especiales aplacan los problemas mensuales y anuales que puedan desencadenar los números perniciosos, por lo que tienen el poder supremo de acabar con cualquier conflicto causado por los números negativos de las estrellas. Así pues, compruebe si su casa está orientada hacia el sudoeste o el nordeste y luego estudie la cuadrícula que más se adecua a su casa en los consejos siguientes.

La suma de diez con la estrella de la montaña trae una suerte excelente en las relaciones 101

Si su casa está orientada hacia sudoeste 1, descubrirá que goza de lo que se denomina combinaciones de la suma de diez entre la estrella de la montaña y la estrella del período. Observe atentamente la cuadrícula y verá que todos los sectores poseen combinaciones de números con la suma de diez.

¿Cuál es la fórmula?

En el sector sur, el 7, la estrella de la montaña, se combina con la estrella del período 3; en el sudoeste, el número 5 se combina con el 5, y así sucesivamente. Este tipo de combinación de números en la cuadrícula de la estrella volante es especial porque no es nada frecuente. Si su casa tiene la suerte de tener esta cuadrícula, todos sus habitantes tendrán una suerte excelente en las relaciones. La gente que entre en sus vidas les aportará buena fortuna u oportunidades de lograr todo clase de éxitos. Además, la estrella de la montaña también trae buena salud, lo que significa que los habitantes de la casa tendrán una salud de hierro.

Cómo maximizar su potencial

Para maximizar el potencial de una casa de este tipo, la casa debería tener una forma regular que, idealmente, debería ser rectangular o cuadrada. Para emplear la cuadrícula, superpóngala a un plano de la casa ayudándose de las indicaciones de la brújula para saber dónde debe colocar los números de cada sector. Hecho esto, podrá identificar los números que influencian cada parte de la casa.

Tenga en cuenta que, aunque disfrute del especial de la suma de diez, tendrá que continuar remedian-

Busque la suma de diez en la cuadrícula de la estrella volante de su hogar, tal y como mostramos en el diagrama, para ver si su casa le proporcionará buena suerte en las relaciones.

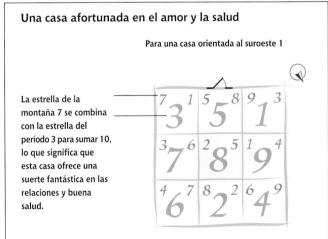

Una casa afortunada en el amor y la salud

Para una casa orientada al suroeste 1

La estrella de la montaña 7 se combina con la estrella del período 3 para sumar 10, lo que significa que esta casa ofrece una suerte fantástica en las relaciones y buena salud.

7 1	5	8 9	3
3	**5**	**1**	
3 6	5	1 9	4
7	**8**	**9**	
4 7	8 2	6 4	9
6	**2**	**4**	

do todos los problemas que le puedan acarrear las estrellas negativas y activar la suerte que le aporten las positivas. Los especiales sólo le indican que, a escala general, su casa acabará por darle buena suerte.

102 La suma de diez con la estrella del agua trae una suerte asombrosa en el dinero

Si su hogar está orientado hacia nordeste 1, tanto usted como la gente que viva en su casa se beneficiarán de lo que llamamos la cuadrícula de la suma de diez con la estrella del agua, que trae suerte en asuntos de dinero. Sin duda, los habitantes de la casa gozarán de prosperidad y riquezas, así como del tipo de ingresos que crecen y se expanden. Igual que en las combinaciones con la estrella de la montaña (véase el consejo 101), las casas deberían tener una forma regular para beneficiarse del especial de la suma de diez. Así pues, si observa la cuadrícula verá, por ejemplo, que en el nordeste la estrella del agua 8 se combina con la estrella del período 8 para sumar 10, y en el palacio central, en el sudoeste, el 5 también suma 10 al combinarse con el otro 5.

Un hogar con dos sectores de riqueza poderosos

Una cuadrícula de la estrella volante para una casa del período 8 orientada a nordeste 1

El número 8 central es el número del período.

La estrella del agua 8 y la estrella del período 2 suman 10, lo que implica una buena suerte asombrosa en el dinero.

La estrella del período 5 más la estrella del agua 5 suman 10, lo cual proporciona suerte en el dinero.

Los hogares con formas regulares y equilibradas se benefician más de la combinación de la suma de diez, que puede proporcionar una suerte excelente en el dinero a sus habitantes.

Recuerde que, si bien la suma del diez aplaca los problemas derivados de la energía negativa intangible, nunca está de más colocar remedios para acabar con el 2, la estrella de la enfermedad, el 3, la estrella de la hostilidad, y así sucesivamente tanto si se presentan como estrellas del agua o de la montaña como si lo hacen como estrellas anuales o mensuales. Los problemas de esta índole son los que hacen más pesada nuestra vida, por lo que colocar remedios en los lugares adecuados contribuirá mucho a aliviar quebraderos de cabeza.

Cómo buscar la formación del espíritu yin en su hogar 103

Otro especial que debería tener muy presente es la denominada formación del espíritu yin en el hogar, consistente en un exceso de yin provocado por la presencia de demasiado *chi* yin. En las cuadrículas de la estrella volante, esto significa que hay demasiados números yin en los dormitorios de la casa, con lo que es necesario comprobar los números que gobiernan cada uno de los dormitorios. Para lograrlo, debe identificar la cuadrícula aplicable a su casa y superponerla a un plano de la planta de su casa. Si todos los números correspondientes al dormitorio son yin, existe el peligro de la formación del espíritu yin, que provoca estancamiento, soledad y una sensación general de infelicidad en todos los habitantes de la casa. El espíritu yin es la principal causa de la depresión y, por tanto, vale la pena añadir abundante energía yang a la zona para equilibrar las fuerzas. Los números yin son el 2, el 4, el 7 y el 9. Contrarréstelos con luces brillantes, objetos en movimiento, sonidos y animales de compañía. Para combatir este problema no hay nada mejor que tener un animal en la casa.

Los números 4 y 7 son yin. Si los dos números coinciden en el sector del dormitorio, pueden generar energía depresiva.

PREGUNTA Y RESPUESTA

¿Qué más puedo hacer para proteger mi hogar de las energías depresivas?

En el feng shui, es primordial protegerse contra lo que los maestros denominan la formación del espíritu yin en la casa, ya sea a escala general o en habitaciones concretas. Este problema puede desembocar en enfermedades y en un debilitamiento del espíritu y la energía. Para contrarrestar este peligro, puede usar luces brillantes para crear energía yang. Deje las luces encendidas o utilice lámparas de lava (véase foto) en las habitaciones afectadas. También puede dejar la televisión encendida para crear sonidos o dejar un ventilador en marcha para originar un gran movimiento. Una vez introduzca objetos en el espacio que originen «vida», la energía yang se creará automáticamente. Por este motivo, otro buen método para protegerse de la formación del espíritu yin es tener animales domésticos en la casa.

Las lámparas de lava originan una energía yang positiva.

104 Ir despacio cuando se produce un exceso de energía yang

Aunque un exceso de energía yin es peligroso (consulte el consejo 103), es igualmente perjudicial la existencia de demasiada energía yang. Los números yang son el 1, el 3, el 6 y el 8. Si descubre que la combinación de alguno de los dormitorios de su hogar sólo tiene estos números, los habitantes de esas habitaciones sufrirán el exceso de energía yang. Cuando esto ocurre, se origina demasiada actividad, demasiada presión y demasiadas expectativas, una situación que debe serenarse. Sin duda, se desencadenarán disputas y malentendidos que, en ocasiones, pueden llegar a ser graves.

Cómo crear un ambiente sereno

El remedio para esta situación es introducir energía yin para equilibrar las

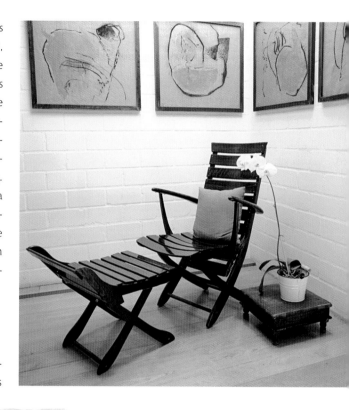

Los colores neutros y el arte relajante contrarrestan la energía yang negativa.

fuerzas. El mejor indicador del yin es la inmovilidad y el silencio. Aquí presentamos algunos sencillos consejos:

- Reduzca el ruido retirando las radios y los televisores de la sala.

- Utilice una iluminación tenue.

- Cuelgue fotografías o cuadros que representen a mujeres, pues las mujeres simbolizan la energía yin, o arte de colores suaves y relajantes.

- Ordene y limpie a fondo las habitaciones de su hogar en las que se produzcan las discusiones más a menudo.

Qué hacer si no puede dormir

Lo mejor es limpiar a fondo el dormitorio. A menudo, basta con retirar la cama de la pared, barrer y fregar el suelo y lavar las cortinas y las alfombras. También puede pintar o empapelar de nuevo las paredes.

Recuerde que la energía se estanca, motivo por el que en China existe la tradición arraigada de hacer limpieza general en los hogares justo antes del comienzo del año lunar en febrero.

Así pues, si no puede dormir, el truco está en mover la energía de su dormitorio (véase el consejo 29).

Cómo aprovechar el doble 8 en las estrellas de la montaña y el agua
105

Todas las casas orientadas hacia el norte, el sur, el este y el oeste se beneficiarán del fenómeno del doble 8, que se produce cuando las estrellas del agua y la montaña (los números pequeños a derecha e izquierda del número del período) son el 8. Esta disposición del doble 8 se produce o bien en la parte delantera de la casa o bien en el palacio central, según la orientación del edificio.

Todas las casas orientadas hacia norte 1, sur 2/3, este 1 y oeste 1 experimentarán el fenómeno del doble 8 en la parte delantera de la casa o en el palacio central. Este tipo de casas se beneficiarán

enormemente de instalar una cascada justo frente a la puerta principal para activar las estrellas del agua y la montaña con el doble 8. Tenga presente que la cascada simboliza tanto la energía de la montaña como la del agua. Construya una suave cascada y diseñe el conjunto de manera que el agua caiga por seis niveles (véase el consejo 85). No construya una cascada demasiado grande: su tamaño siempre debe ser proporcional al de la puerta principal y la casa.

El sector afortunado de las casas orientadas hacia el norte, el sur, el este o el oeste se indica por la presencia del doble 8.

Cómo activar el espíritu directo del nordeste del período con una montaña
106

Otro especial importante y de fácil activación es el espíritu directo e indirecto del 8. Ambos espíritus aportan energía *chi* actualizada y poderosa. Active el espíritu directo, situado al nordeste del hogar de todo el mundo, mediante símbolos de la montaña.

Los beneficios de una montaña

Esta montaña se puede representar mediante una pequeña pila de piedras, rocas o una auténtica montañita de tierra. Si vive en un piso, use una geoda de cristal para simular la montaña. Colóquela en el nordeste de su hogar para activar el espíritu directo de su período y observe cómo le proporciona una suerte adicional asombrosa en todos los aspectos. También puede colgar una foto o un cuadro que representen un paisaje montañoso real, como el Himalaya, al nordeste de su casa. Este proceder beneficiará a todos los habitantes de la casa, pero sobre todo a los hijos pequeños de la familia.

El simbolismo de la montaña beneficia a toda la familia, sobre todo a los hijos.

Coloque cristales para simbolizar la energía positiva de las montañas.

107 Fortalezca el espíritu indirecto del período del sudeste con agua

Cuando hay una pequeña piscina o un estanque en la parte sudoeste de la casa (preferiblemente en un jardín) se activa el espíritu indirecto del período 8, y esto atrae el dinero. También beneficia a las mujeres en general.

También puede activar el espíritu indirecto del período 8 colocando agua en el sudeste. Esta es la localización del espíritu indirecto y, si coloca agua en este punto, activará la suerte en la riqueza de la figura materna del hogar. Instale en este punto un estanque, una piscina, una cascada o cualquier otra cosa que simbolice el agua limpia en movimiento.

Los beneficios del agua

A lo largo de todo el período 8, la esquina sudoeste de su casa se beneficiará de la presencia física de agua, independientemente de la orientación de su vivienda. En este punto, el agua puede traer una buena fortuna fabulosa. Es más, si su casa está orientada hacia el sudoeste, el sector sudoeste también recibe la visita de la muy auspiciosa estrella del agua 8 (véase la cuadrícula de la estrella volante en el consejo 38), por lo que siempre advierto a todo el mundo del fantástico potencial de todas las casas orientadas hacia sudoeste 1. Aunque usted sea una persona del grupo del este, si puede, trate de encontrar una casa orientada hacia sudoeste 1 y, a continuación, active la parte delantera de la casa mostrando un elemento de agua en ese lugar.

La astrología feng shui: orientaciones y signos animales   108

Un método muy sencillo para practicar instantáneamente la astrología feng shui es estudiar la rueda de la astrología, que muestra la orientación de cada uno de los 12 signos animales chinos. En el calendario chino, los animales se conocen como los lazos terrenales del año y cada uno de ellos tiene asignada una dirección en la brújula. Así pues, según cuál sea su signo animal, tendrá un sector u otro en la casa adecuado a usted y su suerte.

Encontrar su orientación

Una vez halle la orientación que más le convenga, debe asegurarse de que en ese punto no haya ni un lavabo ni un trastero, ya que de lo contrario su suerte personal se verá perjudicada. El método más sencillo para localizar su orientación ideal es buscar su signo animal basándose en su año de nacimiento (consulte la página 11). Acto seguido, consulte la rueda astrológica que incluimos a continuación. Observe que

cada signo animal tiene asignados 15° de la brújula. Cada uno de los cuatro puntos cardinales (norte, sur, este y oeste) está representado por un animal: el caballo, la rata, el conejo y el gallo, respectivamente. Cada una de las direcciones secundarias (sudoeste, noroeste, sudeste y nordeste) está representada por dos animales.

Para aprovechar al máximo este método para optimizar el feng shui de todos los habitantes de la casa, debería seguir buscando la orientación astrológica personalizada de todos los habitantes de la casa y, seguidamente, neutralizar todos los problemas que pueda haber en esos puntos y potenciar los lugares relevantes con los símbolos energizantes apropiados.

El zodiaco chino consta de doce signos animales: la rata, el buey, el tigre, el conejo, el dragón, la serpiente, el caballo, la oveja, el mono, el gallo, el perro y el cerdo. Cada uno de ellos ocupa 15° de la brújula.

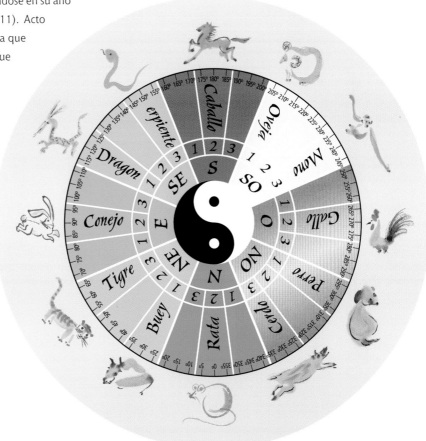

109 Active su orientación personal según el signo animal para mejorar su suerte

Una vez haya encontrado la ubicación correspondiente a su signo animal, maximice su suerte fortaleciendo el *chi* de esa zona. Sin embargo, si en ese lugar hay un lavabo o un trastero, no lo haga, dado que dentro de un lavabo o un trastero el *chi* queda dañado o encerrado y no le aporta ningún beneficio.

Busque el punto de la brújula asociado a su signo animal y, seguidamente, coloque una imagen de su animal en la parte correspondiente de la casa. Si simboliza su animal con gemas, el poder de los cristales contribuirá aún más a darle una buena suerte auspiciosa.

Cómo activar su suerte

La mejor manera de activar las cosas positivas para que entren en su vida es usar imágenes energizantes de su signo animal astrológico rodeadas de joyas de los deseos, que son cristales tallados. Es mejor usar imágenes talladas en cristal natural, como el cuarzo, el ágata, la turmalina, el jade y otros tipos de cristal. Estos tesoros naturales procedentes de las entrañas de la tierra contienen un *chi* muy concentrado. Si los rodeamos de joyas de los deseos y las colocamos en nuestro despacho o sobre la mesa en la orientación de nuestro signo astrológico, el *chi* se une fuertemente con nuestra energía personal. Elija los colores de las piedras siguiendo estos consejos:

- Los cristales tallados amarillos, como la citrina para los deseos relacionados con el dinero.
- Los cristales tallados rosas, como el rubí o el cuarzo rosa para los deseos relacionados con el amor.
- Los cristales tallados azules, como la caledonia azul, para los deseos relacionados con la salud.
- Los cristales tallados verdes, como la esmeralda para los deseos relacionados con la expansión y el crecimiento.
- Los cristales de color lavanda, como la amatista, para los deseos relacionados con el crecimiento y el desarrollo personal.

Encuentre su sector astrológico

SIGNO ANIMAL	MARCACIÓN DE LA BRÚJULA	SECTOR DE ORIENTACIÓN
Rata	337.5º–352.5º	Norte 1
Buey	22.5º–37.5º	Noroeste 1
Tigre	37.5º–52.5º	Noroeste 2
Conejo	67.5º–97.5º	Este 2
Dragón	112.5º–127.5º	Sureste 1
Serpiente	142.5º–157.5º	Sureste 3
Caballo	172.5º–187.5º	Sur 2
Oveja	202.5º–217.5º	Soroeste 1
Mono	232.5º–247.5º	Suroeste 3
Gallo	262.5º–277.5º	Oeste 2
Perro	292.5º–307.5º	Noroeste 1
Cerdo	322.5º–337.5º	Noroeste 3

Los aliados astrológicos fortalecen su vida social 110

También puede vigorizar el *chi* de sus relaciones colocando imágenes de sus aliados astrológicos y amigos secretos en su espacio. Esto trae la suerte de los buenos amigos, de los mentores y de la gente que le será de gran ayuda en su vida. La identificación de sus amigos astrológicos es una parte muy importante del feng shui astrológico. La idea es simbólica, y el simbolismo es una parte muy importante de la práctica del feng shui. Si alguna vez viaja al gran país de China, verá por todas partes un número increíble de símbolos guardianes y auspiciosos. Los 12 signos animales son una parte integrante del simbolismo del feng shui astrológico, así que debe familiarizarse con su triángulo de aliados y con su amigo secreto.

El dragón, el mono y la rata son compatibles en la astrología china, por lo que se dice que forman un triángulo de afinidad.

Los triángulos de afinidad entre aliados

Estos grupos de animales se llevan bien entre ellos:

• Serpiente, gallo y buey

• Dragón, mono y rata

• Caballo, tigre y perro

• Cerdo, oveja y conejo

Amigos y aliados

Sus amigos secretos tienen una importancia asombrosa para usted, por lo que recuerde bien quiénes son. La tabla que mostramos indica el tipo de suerte *chi* que se crea cuando los grupos de amigos secretos se usan según su signo. Verá que la oveja y el caballo juntos indican la suerte de encontrar un jefe que le ayudará. Una serpiente y un mono juntos traen suerte en el juego y las especulaciones. Un gallo y un dragón juntos traen amigos y aliados a su vida, mientras que un perro y un conejo atraen beneficios inesperados. Un tigre y un cerdo traen un amigo secreto y, por último, una rata y un buey traen la suerte de la armonía.

Si se preocupa de energizar sus signos animales y sus amigos y aliados, descubrirá que:

• Su vida social mejorará.

• Será más feliz y tendrá un mayor círculo de contactos.

• La vida será más plena y no sufrirá los problemas comunes. Le será más fácil interactuar con los demás, y también se encontrará con aliados cuando menos se lo espere.

111 Evite a sus enemigos naturales del zodíaco

Debe tener siempre presente que la rueda astrológica también le alerta sobre sus enemigos zodiacales naturales, y es imperativo que no aparezca su imagen en la dirección personal que le corresponda a usted. Así, por ejemplo, el perro y el dragón son enemigos naturales, por lo que es importante no mostrar la imagen del dragón en el punto que corresponde al perro. En otras palabras, en ningún caso debe colocar un dragón en noroeste 1. Sin em-

bargo, sí que es una idea excelente llevar la energía del dragón, que es uno de los símbolos más auspiciosos, a su hogar. Para lograrlo, coloque el dragón en su posición correcta en el sudeste o, si no, también puede situarlo al este o al norte. El dragón, debido a su gran poder, es una imagen necesaria.

Los que hayan nacido en el año del perro también deben saber que es perfectamente aceptable llevar la imagen del dragón en la ropa y que, de hecho, es incluso recomendable, ya que en ese caso la imagen del dragón asume el papel de talismán y trae protección y buena suerte.

Imaginería opuesta

- La oposición entre el perro y el dragón, conocida como el choque de la energía tierra yang, causa depresión. Evite colocar cualquier imagen del perro en la dirección del dragón (sudeste 1) y del dragón en la del perro (noroeste 1).

- La oposición entre la rata y el caballo indica un choque de fuego yang con agua yang y es causante de incapacidad mental. Evite el peligro asegurándose de que no coloca imágenes de ratas en el sur ni imágenes de caballo en el norte.

- La oposición entre el buey y la oveja es un choque de tierras yin. En este caso, la oveja no se debe colocar en la dirección del buey de nordeste 1, y el buey no debería estar presente en la de la oveja, sudoeste 1.

- La oposición entre el tigre y el mono indica madera chocando contra metal. En este caso, ambas energías son yang, por lo que se trata de un choque activo. Las batallas entre ambos animales se libran a campo abierto y son fieras. Es mejor que el tigre no aparezca por el

sudoeste 3 y que el mono no esté presente en nordeste 3.

- La oposición entre el conejo y el gallo también es un choque de madera contra metal, pero en este caso las energías son yin, con lo que el choque entre ambos será silencioso, discreto y disimulado. Es absolutamente imperativo que el conejo no esté en el oeste y que el gallo no esté en el este. Si no, el signo afectado por la presencia de su enemigo en su territorio se verá agravado.

- La oposición entre el cerdo y la serpiente es un choque de fuego contra madera, pero este choque es de chi yin, por lo que las animosidades entre ambos se manifestarán veladamente. La hostilidad entre ambos nunca se desencadenará a campo abierto y eso la hace mucho más peligrosa. Este conflicto puede dar lugar a accidentes relacionados con el agua, así que debe asegurarse de que el cerdo no quede situado en el sudeste 3 ni la serpiente en el noroeste 3. En este caso, la presencia de un enemigo oculto en su hogar traerá pérdidas económicas.

Conviene tener cuidado con las aflicciones astrológicas en el hogar

112

Es beneficioso usar la rueda astrológica (véase el consejo 110) para limpiar su hogar sistemáticamente de aflicciones astrológicas. Para lograrlo debe investigar los espacios que representan las zonas astrológicas personales de cada uno de los miembros de la familia que vive en la casa. Busque problemas físicos, como líneas y cantos agudos apuntando hacia esquinas identificadas con alguien, y esfuércese especialmente en neutralizar las amenazas. Si, por ejemplo, el signo del patriarca de la familia es el caballo, debe asegurarse de que el sur (la dirección del caballo) no se encuentra bajo el influjo de ninguna esquina ni canto agudo. El sur tampoco debería quedar cerrado ni debería haber en él ningún lavabo ni cocina, ya que estas habitaciones reducen la fortuna de la persona del signo caballo.

Evite a sus enemigos

Del mismo modo, asegúrese de que las direcciones correspondientes a todos los miembros de la familia no son potencialmente peligrosas debido a la presencia de sus enemigos astrológicos. La solución al problema consiste, sencillamente, en colocar estos símbolos en otro lugar. Debe comprender que los enemigos astrológicos sólo son peligrosos si se los coloca en la parte del hogar que corresponde a un residente en la casa. En cualquier otro lugar, sus imágenes son totalmente inofensivas. Como ejemplo diremos que, pese a que la rata y el caballo son enemigos, mientras la imagen del caballo no esté situada en el norte (la dirección de la rata) y ocupe el lugar que le corresponde en el sur, el caballo puede traer una enorme fortuna a cualquier residente del signo rata.

La dirección sudeste 3 corresponde al mono. No coloque ningún tigre en este lugar, ya que ambos son enemigos astrológicos. Coloque el tigre en su sector natural, el nordeste 3.

113 Llevar imágenes de su amigo secreto invoca la amistad sincera

Una persona buey se beneficiará de llevar imágenes del gallo, la serpiente, el buey y la rata.

Uno de los métodos más sencillos y eficaces de garantizar un buen feng shui personalizado basándose en su carta astral consiste simplemente en llevar imágenes de sus aliados y amigos secretos (véase el consejo 110). Los chinos lo saben desde siempre y es el motivo por lo el que siempre hay tantas imágenes de los 12 signos astrológicos animales.

La mejor manera de llevar con usted a sus aliados es en una pulsera. Cada persona debería llevar un mínimo de tres signos animales (aunque cuatro es lo más indicado), más su amigo secreto.

Conozca sus animales afines y amigos

1   **A una persona dragón** le será beneficioso llevar un brazalete con el mono, la rata, el dragón y el gallo.
2   **A una persona mono** le será beneficioso llevar un brazalete con el mono, la rata, el dragón y la serpiente.
3   **A una persona rata** le será beneficioso llevar un brazalete con el mono, la rata, el dragón y el buey.
4   **A una persona serpiente** le será beneficioso llevar un brazalete con el gallo, la serpiente, el buey y el mono.
5   **A una persona gallo** le será beneficioso llevar un brazalete con el gallo, la serpiente, el buey y el dragón.
6   **A una persona buey** le será beneficioso llevar un brazalete con el gallo, la serpiente, el buey y la rata.
7   **A una persona cerdo** le será beneficioso llevar un brazalete con el cerdo, la oveja, el conejo y el tigre.
8   **A una persona oveja** le será beneficioso llevar un brazalete con el cerdo, la oveja, el conejo y el caballo.
9   **A una persona conejo** le será beneficioso llevar un brazalete con el cerdo, la oveja, el conejo y el caballo.
10 **A una persona perro** le será beneficioso llevar un brazalete con el perro, el caballo, el tigre y el conejo.
11 **A una persona caballo** le será beneficioso llevar un brazalete con el perro, el caballo, el tigre y la oveja.
12 **A una persona tigre** le será beneficioso llevar un brazalete con el perro, el caballo, el tigre y el cerdo.

Los brazaletes que muestran animales chinos activan la protección de sus aliados astrológicos.

Fortalezca el elemento de su signo animal 114

La última actividad relacionada con el feng shui astrológico consiste en fijarse en el elemento de su signo animal y fortalecer su ubicación natural colocando algo que fortalezca ese elemento. Por ejemplo, el dragón, la oveja, el buey y el perro poseen el elemento tierra.

Elementos animales

* La oveja y el buey ya residen en lugares tierra, pero el dragón reside en un lugar madera, lo cual lo debilita. Es buena idea fortalecer la ubicación del dragón, en el sudeste 1, con energía fuego. Esto vigorizará la esencia chi del dragón. El perro se encuentra en noroeste 1, metal. El metal agota al perro, por lo que noroeste 1 también se debería reforzar con energía fuego.

* El gallo y el mono son intrínsecamente metal. El gallo está en el oeste, así que ya es bastante fuerte, mientras que el mono está en el sudoeste, lo cual lo hace aún más fuerte. En el caso de estos dos signos animales no es preciso hacer nada más.

* La serpiente y el caballo pertenecen al elemento fuego. El caballo se encuentra en el sur, cuyo elemento también es fuego, por lo que el caballo está bien, pero la serpiente se encuentra todavía mejor, puesto que se encuentra en el sudeste, que es madera. Así pues, para estos dos signos animales no es preciso hacer nada más.

* El tigre y el conejo son elemento madera. Observe que el tigre se encuentra en el nordeste, que es tierra. La madera supera a la tierra, pero queda debilitada. Es preciso fortalecer el tigre con energía agua, por lo que

Puede introducir el elemento fuego en una habitación combinando rojos y naranjas.

colocar agua en este lugar beneficiará a cualquier persona nacida el año del tigre. El conejo, por su parte, está en el este, que también es madera, con lo que no es preciso efectuar nada más.

* La rata y el cerdo pertenecen al elemento agua. La rata está en el norte, que también es agua, y en consecuencia no se necesita ninguna intervención. El cerdo está en el noroeste 3, metal, donde se fortalece, por lo que tampoco es preciso hacer nada.

En la astrología china, el elemento asociado al cerdo es el agua y su sector de la brújula es noroeste 3.

115 Conviene estar al corriente de los cambios anuales y mensuales de la energía *chi*

Muchos practicantes no entienden del todo este aspecto de la práctica del feng shui. Forma parte del sistema de la estrella volante, pero las tablas anuales y mensuales que revelan la ubicación cambiante de las estrellas problemáticas y las estrellas auspiciosas son distintas de las cuadrículas de la estrella volante para la casa. Las cuadrículas anuales y mensuales se deben leer conjuntamente con las cuadrículas de las casas, de manera que básicamente terminamos con una combinación de cinco números en cada punto de la casa. Estos números nos presentan un perfil bastante atinado de la suerte que aguarda a cada casa tanto mensual como anualmente. Recapitulando, estos números son:

1 El número del período (en la cuadrícula de la casa).

2 El número de la estrella del agua (en la cuadrícula de la casa).

3 El número de la estrella de la montaña (en la cuadrícula de la casa).

4 El número de la estrella anual (en la cuadrícula anual).

5 El número de la estrella mensual (en la cuadrícula mensual).

Como ya conoce las cuadrículas para las casas del período 7 y el período 8 (véanse los consejos 37 y 38), lo que necesita es familiarizarse con el método adecuado para interpretar las cuadrículas anuales y mensuales a fin de conocer el estado actualizado de los cambios en la energía *chi* que se produzcan en su casa. El significado de los números no cambia, por lo que los números problemáticos continúan siendo el 2, el 5, el 3 y el 7, cada uno con su tipo concreto de infortunio. Del mismo modo, los números auspiciosos siguen siendo el 8, el 9, el 1, el 6 y el 4, cada uno de los cuales trae su tipo particular de buena suerte.

116 El feng shui se actualiza cada año nuevo

Al principio de cada año, según el calendario Hsia chino, que comienza el 4 de febrero, es importante examinar la cuadrícula del año nuevo y las cuadrículas de cada mes para familiarizarse con la nueva energía de ese año.

Los meses que se emplean para ello son los meses del calendario Hsia, distintos de los meses lunares y de los meses del calendario occidental. El calendario Hsia es equivalente al calendario solar que utilizan los chinos para calcular la llegada de la primavera así como las fechas de la plantación y la cosecha. Es el calendario en el que se basan muchos de los oráculos y métodos del destino que contiene el almanaque chino o Tong Sing (foto).

Una vez comprenda la importancia de estas cuadrículas, las podrá usar para actualizar el feng shui de su hogar. Recuerde que las aflicciones anuales y mensuales son las que provocan los problemas de la vida cotidiana (consulte las cuadrículas de muestra en el consejo 117), como el agotamiento, las discusiones con la gente sin motivo aparente, las enfermedades repentinas, los robos, los desastres inesperados y prácticamente cualquier infortunio. Si le ocurre algo de lo mencionado, puede sospechar que se trata de las estrellas anuales y mensuales interfiriendo en su vida, sobre todo si sabe que el resto de su feng shui está perfectamente.

El almanaque chino o Tong Sing basa sus predicciones en el calendario Hsai.

Preste atención a las estrellas problemáticas anuales y mensuales

117

D eberá permanecer completamente alerta ante las peligrosas estrellas con números perniciosos que puedan aparecer en las cuadrículas anuales o mensuales. ¿Qué debe buscar? Principalmente:

- La estrella del infortunio 5

- La estrella de la enfermedad 2

- La estrella de la disputa 3

- La estrella violenta 7

Busque el lugar que ocupan en la cuadrícula anual.

Tome precauciones a tiempo

Cuando haya encontrado la ubicación de estos números problemáticos, busque las partes de su casa afectadas. Si, por ejemplo, se trata de su palacio del frente (la parte delantera de su casa y que probablemente contiene la puerta principal), deberá tener un cuidado adicional porque todo el mundo pasa por esa parte de la casa y, si está afectada por la

Esta cuadrícula anual para el año 2006 muestra la ubicación de los números afortunados y desafortunados. Si los números infortunados coinciden con los de una cuadrícula mensual, la mala suerte puede intensificarse, de modo que deberá prevenir y aplicar curas de feng shui. Para ver los gráficos anuales, visite www.wofs.com; vea también la página 160.

estrella del número 2, todos los habitantes de la casa caerán enfermos. Si también aparece la estrella mensual 2 y si la estrella del agua o de la montaña también es un 2, la acumulación de números dos generará una poderosa energía infortunada que afectará a los residentes.

Si se da este caso, sin duda es preciso aplicar remedios o, mejor aún, los habitantes de la casa deberían plantearse irse de vacaciones durante el mes en el que los números 2 se congregan de esta forma. Lo mismo ocurre si el 2 se multiplica en el comedor o en un dormitorio.

Si el 2 anual se une a un 3 mensual, la enfermedad llevará a discusiones con graves consecuencias. La parte más importante de la investigación es determinar si las estrellas negativas afectan a alguna parte principal de su casa. Huelga decir que, si los números negativos caen en una cocina, un trastero o un lavabo, no tiene de qué preocuparse.

Identifique siempre las estrellas problemáticas que afecten a su puerta principal, ya que afectan a la suerte de toda la casa y no sólo a la zona situada alrededor de la entrada.

118 Las aflicciones del 5 amarillo causan confusión en el feng shui

De todos los números estrella conflictivos, el número 5, conocido como el 5 amarillo, es el que debería tenerse más presente (véanse los consejos 49 y 50). Esto se debe a que el 5 es una estrella de tierra muy poderosa que provoca una gran variedad de problemas, desde pérdidas económicas a la aparición de obstáculos inesperados, y desde la súbita aparición de graves peligros a los grandes agravios, preocupaciones e infortunios. El 5 es el número estrella del desastre definitivo y todo el mundo sucumbe a su influencia. Su gravedad depende de si aparecen o no más de tres cincos en la misma casilla o sector de la casa. Por ejemplo, si en un sector la estrella de la montaña es un 5, la estrella anual es otro 5 y la estrella del mes es un tercer 5, los habitantes de una casa cuya puerta principal esté situada en el sector en el que se congregan deben remediar la situación usando una potente energía metal.

El peor caso es, precisamente, cuando los problemas de este tipo derivados de los números estrella se presentan en el sector de la puerta principal, pues la influencia del infortunio afecta a todos los residentes. Si sucede en un dormitorio, por el contrario, sólo se verán afectados quienes duerman en él. Algunos practicantes han descubierto que el 5 amarillo es tan poderoso que es mejor abandonar la habitación mientras dure su influencia.

Cómo remediar el 5 amarillo

Para remediar el 5 amarillo, lo mejor es usar la energía metal para agotar literalmente la energía tierra del número. Los carillones hechos completamente de metal son un excelente antídoto porque los carillones también nos proporcionan el sonido del metal. Para el período 7, use un carillón de seis tubos de latón para obtener unos excelentes resultados. En el período actual, el 8, se considera que una pagoda de los cinco elementos hecha de latón es aún más poderosa. Esto se debe a que el período 8 es un período de tierra en el que el 5 amarillo es todavía más fuerte. La pagoda de los cinco elementos (foto) es una cura tradicional clásica. Intente encontrar una pagoda con el poderoso trigrama Chien de metal estampado en la base.

Cómo usar la pagoda

La mejor manera de usar la pagoda de los cinco elementos como remedio es desmontar las formas de los elementos que constituyen el amuleto y rellenar su interior con tierra de su jardín. A continuación, selle la tierra en el interior de la pagoda. Con ello encerrará simbólicamente el 5 amarillo, que pasará a ser inofensivo.

Una pagoda de los cinco elementos agota la energía negativa del 5 amarillo. Si su casa es amplia, tendrá que usar más de uno.

Una puerta principal afectada es mucho peor que una habitación con problemas, porque la puerta principal dicta la buena o mala fortuna de toda la vivienda. Si su puerta principal está afectada por el 5 amarillo, coloque una pagoda de los cinco elementos (derecha) en el vestíbulo o recibidor.

Neutralice la estrella 2 de la enfermedad 119

La estrella 2 de la enfermedad también es una estrella de tierra y, cuando vuela al dormitorio, aumenta las posibilidades de contraer una enfermedad. Si se reúnen más de tres estrellas volantes del número 2 en un sector concreto, el *chi* de las enfermedades se fortalece extremadamente y los habitantes de la casa deberán tener mucho cuidado de no caer gravemente enfermos.

Tome precauciones

La mejor manera de superar la estrella de la enfermedad es usar las energías del metal de los carillones de latón, a ser posible usando uno de seis tubos con una imagen de *wu lou*. El número 6 representa el gran metal, mientras que los tubos deben estar huecos para permitir que el *chi* penetre

Si la estrella 2 de la enfermedad ocupa su dormitorio, cuelgue un carillón para protegerse contra una posible enfermedad hasta que desaparezca la influencia negativa de la estrella.

en su interior. Cuelgue los carillones en el sector en el que se acumulen las estrellas del 2, pero tenga cuidado de no colgarlos tan altos que queden por encima de las cabezas de alguien, dado que esto puede ser potencialmente peligroso. Cuélguelos a media altura en una pared y recuerde que son eficaces aunque no emitan ningún sonido.

Cuelgue los carillones a media altura. El mejor carillón antienfermedades tiene seis varas huecas, una moneda Pa Kua y un pequeño *wu lou* (véase el consejo 46). Otra cura excelente es un *wu lou* con una imagen de los ocho inmortales.

120 Tenga cuidado con los problemas que le pueda crear el Gran Duque Júpiter

Todos los años es muy importante averiguar dónde se encuentra el dios del año, también llamado el Gran Duque Júpiter o Tai Sui en chino. No es tan difícil como parece, puesto que siempre ocupa los 15º de espacio que corresponden al signo animal del año. En el 2005, el año del gallo, por ejemplo, el Tai Sui estaba en el oeste, y en el 2006, el año del perro, está en los 15º correspondientes al noroeste 1. Si consulta la rueda astrológica (véase el consejo 108), conseguirá localizar el Tai Sui sin dificultades todos los años.

Una moneda china que muestre imágenes de Pi Kan puede colocarse fácilmente en cualquier lugar de la casa para protegerla contra el Gran Duque Júpiter.

Cómo lidiar con el Gran Duque

Desde la perspectiva del feng shui, hay algunas reglas básicas referidas al Tai Sui.

1 Nunca, ningún año, se siente mirando hacia el Gran Duque, aunque esa orientación responda a su mejor dirección según la fórmula Kua. Enfrentarse al Tai Sui de ese modo acarrea problemas y desgracias; por tanto, tenga en cuenta que en 2005 y 2006 no debería sentarse mirando hacia el oeste y el noroeste 1.

2 Nunca emprenda ningún tipo de obra, mayor o menor, en el lugar que ocupa el Tai Sui. Si ignora esta regla, llevará los problemas y las preocupaciones a su hogar.

Una figura del Pi Yao (arriba a la derecha) o una pareja de perros dragón Pi Kan (debajo) protegen contra el Tai Sui

3 Coloque siempre un Pi Yao o un par de Pi Kan o Pi Xie en el lugar que ocupa Tai Sui. Se trata de un método muy sencillo de aplacar al Tai Sui mediante el cual también nos aseguramos su apoyo. Otra manera de lograrlo es sentarnos dando la espalda al Tai Sui. Este proceder le garantizará el éxito en todas sus empresas.

4 Por último, asegúrese de que, si es usted del signo que corresponde al animal situado directamente frente al Tai Sui, debería tener mucho cuidado durante ese año. Debería ayudarse del Pi Yao o un par de Pi Xie o Pi Kan. Así ocurrió, por ejemplo, durante el año del gallo 2005 con todos los nacidos en el año del conejo; y en el 2006, año del perro, la sugerencia es aplicable a los nacidos en el año del dragón.

Evite quedar bajo la influencia de los «3 asesinatos» 121

Se trata de un problema del *chi* anual muy conocido que en chino se denomina *Sarm sart*, que se traduce literalmente como «3 asesinatos». La teoría dice que quien resida en la parte de la casa a la que vuelen los tres asesinatos sufrirá tres tipos de desgracias, generalmente asociadas a la

pérdida: la pérdida del buen nombre, la pérdida del amor y/o la amistad y la pérdida económica. El problema de los 3 asesinatos sólo afecta a los cuatro puntos cardinales: norte, sur, este y oeste, y cambia de ubicación dentro de la casa de año en año.

La ubicación de los 3 asesinatos

Para encontrar la situación de los 3 asesinatos cada año, fíjese en el signo animal que gobierna ese año concreto.

ANIMAL	AÑO	PUNTO OCUPADO POR LOS 3 ASESINATOS
Gallo	2005	Este
Buey	2009	Este
Serpiente	2013	Este
Cerdo	2007	Oeste
Conejo	2011	Oeste
Oveja	2015	Oeste
Rata	2008	Sur
Dragón	2012	Sur
Mono	2016	Sur
Perro	2006, 2018	Norte
Tigre	2010	Norte
Caballo	2014	Norte

122 Los caballos dragón solucionan los 3 asesinatos

- Cuando los 3 asesinatos estén en el oeste, coloque agua yang abierta, es decir, agua en movimiento, en ese sector.

- Cuando se presente en el sur, el remedio contra los 3 asesinatos se fortalece mediante la presencia de cristales.

- Cuando se sitúa en el norte, coloque una planta grande y robusta en ese punto.

Al contrario de lo que ocurre con el Tai Sui o Gran Duque, hacia cuya dirección no se debe estar orientado, en el caso de los 3 asesinatos debe colocarse enfrentándose a esa dirección. Nunca debe dar la espalda a los 3 asesinatos porque, si lo hace, sin duda sufrirá algún tipo de infortunio. En 2006, cuando los 3 asesinatos viajan al norte, debería asegurarse de no volver nunca la espalda al norte al sentarse o pronunciar un discurso, incluso aunque el norte sea su mejor dirección personal según la fórmula Kua.

Compruebe su orientación al comer y mientras trabaja para evitar los 3 asesinatos.

El mejor remedio general contra los 3 asesinatos es colocar tres *chi lin*, o caballos dragón, en el punto que ocupen de su casa. También debe tener en cuenta lo siguiente:

- Cuando aparezca en el este, encienda una luz brillante en ese sector.

Los *chi lin*, o caballos dragón, son la mejor protección contra el peligro de los 3 asesinatos, que traen tres tipos de mala suerte: pérdida de dinero, pérdida de salud y pérdida de relaciones.

Tenga cuidado con la estrella del número 7, sobre todo cuando es anual y mensual

123

Debe comprar o crear un elemento decorativo con una corriente de agua para agotar la energía negativa de los lugares de su casa en los que aparezca la estrella del agua 7. Compre una fuente de interior (a la izquierda, una rodeada de budas sonrientes para activar también la prosperidad) o cree su propio ornamento colocando una pequeña bomba de agua dentro de un cuenco lleno de piedras pulidas y cristales.

Ahora que estamos en el período 8, la estrella del número 7 pasa a ser repugnante, pues ha recuperado su naturaleza violenta habitual. La estrella del número 7 también se considera la estrella del robo y provoca que los residentes afectados por ella sufran robos que suelen ser violentos. La estrella del número 7 se conoce oficialmente como la estrella roja del soldado roto. Lo mejor para superarla es el agua en movimiento, ya que es el elemento que agota la estrella del número 7 y reduce su potencia.

Debería tener un cuidado especial con la estrella del número 7 cuando se presenta como estrella anual y mensual. También debe tener presente que muchas de las cuadrículas de la estrella volante del período 7 tienen un doble 7 como estrellas del

agua y la montaña, y en este nuevo período deben ser aplacadas poniendo agua en el sector afectado de su casa. Aún mejor es transformar la casa del período 7 en una del 8 (véase el consejo 39).

PREGUNTA Y RESPUESTA

¿Cuál es el remedio con agua más sencillo que puedo utilizar para proteger mi casa de los robos?

Para contrarrestar la estrella de los robos con *chi* agua, necesita agua físicamente. Un cuadro que represente agua no servirá. Sólo cuando haya agua presente, el elemento será lo bastante fuerte para agotar la estrella del robo. Un método excelente para lograr este propósito es comprar un pequeño ornamento con agua que lleve una bomba para hacerla circular.

124   Use cojines rojos o un cuadro rojo contra la estrella del número 3

Si no quiere invertir en cojines rojos ni repintar una habitación, cuelgue un tapiz sencillo de color rojo con accesorios complementarios para «consumir» la estrella 3 de la disputa.

La hostilidad y la gravedad de la estrella de la disputa número 3 está considerada por muchos practicantes una estrella especialmente temible. Trae hostilidad y malentendidos a su hogar y es la estrella que más se asocia a los problemas en las relaciones sentimentales. La estrella del número 3 causa malentendidos, peleas y procesos judiciales aparentemente surgidos de la nada. Es una estrella muy peligrosa, ya que también puede causar desengaños amorosos y depresiones.

Energía fuego

Lo mejor para superar la estrella número 3, sobre todo cuando aparece como estrella del año y del mes además de como la estrella del agua o la montaña, es usar la energía fuego. Use luces brillantes y montones de energía roja brillante en las fundas de los cojines, manteles, alfombras y cortinas o bien use el rojo como color predominante en las piezas decorativas. Una vez recomendé a una amiga que pintara una pared entera de color rojo para tratar de librarla de un proceso judicial especialmente problemático contra su marido. Él no podía emprender ninguna acción legal para alterar el resultado del caso, pero, en cuanto pintaron la pared de rojo, el caso fue súbitamente desestimado. Desde entonces, su marido se ha convertido en un apasionado fan del feng shui.

Una solución contra la estrella hostil del número 3 es este cristal piramidal de color rojo, que manifiesta perfectamente el *chi* fuego contra la mala fortuna.

PROYECTO

Cómo usar las formas elementales

Cada uno de los cinco elementos chinos (agua, fuego, tierra, madera y metal) tiene una forma asociada. La forma del elemento fuego es el triángulo, así que cualquier elemento decorativo con esta forma de color rojo refuerza la energía del elemento. Busque la forma del triángulo en los cubrecamas, los bordados de los cojines, en el interior de los cuadros y los collages, en las pantallas y las bases de las lámparas y en otros muebles del hogar.

Procure que sus renovaciones no activen las estrellas conflictivas   125

Una de las maneras más sencillas de mantener un buen feng shui es «renovar» su casa regularmente. No hace falta que sea una reforma de envergadura y es un modo excelente de asegurarse de que la energía no se estanca ni se vicia nunca, ya que se mantiene siempre cargada y en movimiento. A veces basta con retirar el mobiliario de su lugar y volver a colocarlo en el mismo sitio, pues así se perturba la energía *chi* y se la obliga a moverse.

Rotación anual

Las renovaciones pueden ser una serie de tareas anuales que garantizan el buen mantenimiento de la casa. Yo siempre renuevo mi hogar pasando de un sector a otro repintando, cambiando una puerta o ventana, etcétera. Sin embargo, siempre me aseguro de no perder de vista tres de las aflicciones presentes cada año:

1 El Gran Duque Júpiter o Tai Sui.

2 Los tres asesinatos o *sam sart*.

3 El cinco amarillo.

Planifique las obras de mantenimiento para que no empiecen ni acaben en ningún sector afectado.

Siempre compruebo dónde están situados el Gran Duque, los tres asesinatos y el cinco amarillo y nunca renuevo nada en esos sectores. Aunque tenga que renovar una buena parte de mi casa, nunca comienzo ni acabo las obras en alguna de las zonas ocupadas por estas tres aflicciones.

Busque la muy especial estrella del 8   126

La cuadrícula anual del feng shui de la estrella volante no sólo contiene números negativos. La cuadrícula también desvela cuál será la zona más afortunada a lo largo del año. Evidentemente, se trata del lugar en el que se sitúe el número 8 cada año concreto. En el período actual, la estrella del número 8 es un número poderosamente auspicioso. En 2006, la estrella afortunada del 8 vuela al norte y traerá una gran suerte a las personas que vivan en casas sentadas en el norte (mirando hacia el sur) o en el sur (mirando hacia el norte). El norte pertenece al elemento agua, y la criatura del norte es la tortuga. Recuerde que el número 8 también es el más poderoso en el ámbito de la energía *chi*, así que debe activar este sector para experimentar los mejores efectos de su auspicioso *chi* esencial.

SE	S	SO
2	7	9
1	3 *2006*	5
6	8	4
NE	N	NO

(E a la izquierda, O a la derecha)

Active el afortunado sector del 8 en su hogar usando el animal auspicioso del norte, la tortuga. Una figura de dos grullas entrelazadas sobre una tortuga traerá más suerte en el trabajo.

127 El número 6 atrae *chi* celestial, que en el período actual tiene una vitalidad renovada

El número 6 simboliza el cielo y también el trigrama Chien, el más potente de los trigramas yang. Además, goza de un vigor renovado en el período 8 que hace que el 6 de la cuadrícula anual lleve la suerte del cielo al lugar que ocupa. En 2006, el número 6 vuela al nordeste, donde se fortalece aún más. Para energizarlo, compre seis bolas de cristal o seis joyas de los deseos.

El número 6 se considera uno de los tres auspiciosos números blancos. Los otros dos son el 1 y el 8. Si los tres números coinciden en cualquier combinación, proporcionan una buena suerte increíble a todo el mundo. Así pues, las matrículas con el 168 y los números de teléfono acabados en 168 son especialmente auspiciosos y muy del agrado de los chinos.

En 2006, el número 6 vuela al sector de la brújula ocupado por el tigre.

Seis bolas de cristal colocadas en el sector noroeste del hogar atraen *chi* celestial.

El número 4 trae suerte en el amor 128

E l número 4 suele ser malinterpretado. Para muchos, el 4 suena en chino parecido a «muerte» y, por lo tanto, nunca ha sido un número muy popular entre los chinos. Sin embargo, para los entendidos en el feng shui de la estrella volante, el número 4 trae la suerte de la flor del melocotón, que representa el tipo de amor que tiene buenas posibilidades de llevar al compromiso y el matrimonio.

Busque el número 4 en su cuadrícula de la estrella volante para identificar los sectores del amor en su casa. El sector de buena suerte en el amor en los gráficos de la estrella volante cambia de año en año.

Dos cuatros en el dormitorio

El número 4 también es bienvenido en una cuadrícula de la estrella volante, sobre todo si aparece como una estrella de la montaña (a la izquierda del número grande del período). Cuando los cuatros coinciden en el sector de su hogar en el que se encuentra el dormitorio, significa suerte en el matrimonio. Sin embargo, si se produce un exceso de energía agua, ya sea por la presencia física de agua o por la energía intangible del número 1 como estrella del agua, la suerte en el amor se vuelve insidiosa y negativa. El número 4 combinado con el 1 o el 4 con el agua a menudo lleva a escándalos sexuales e infidelidades turbulentas.

La combinación 4/1 ayuda a los escritores 129

L a combinación de estrellas 4/1 en una cuadrícula de la estrella volante trae suerte literaria así como suerte en el amor y el matrimonio y favorece a las personas que se dedican a escribir.

Los novelistas y otros escritores que viven o trabajan en habitaciones favorecidas por el número 4 y el número 1 como estrellas de la montaña y el agua (a la izquierda y la derecha de un número del período, respectivamente), gozarán con toda seguridad de beneficios especiales. El método para activar esta estrella auspiciosa es colocar plantas sanas y vibrantes en la ubicación del 4/1.

Use plantas saludables para activar la suerte creativa para los escritores.

Tercera parte

Proteger el hogar

CÓMO COMBATIR LA MALA SUERTE PROCEDENTE DE LAS DIEZ DIRECCIONES

A medida que se profundiza en el feng shui, cada vez resulta más obvia la importancia de conocer al dedillo las distintas zonas de su casa según su orientación, debido a la cantidad de fórmulas y métodos de feng shui basados en la orientación. El practicante *amateur* suele trabajar con ocho puntos de la brújula, mientras que quienes profundizan más en el análisis de las cuadrículas de la estrella volante de sus hogares (véase el consejo 30) amplían esos 8 puntos a 24 al dividir cada dirección principal en tres subdirecciones. Estas 24 subdirecciones se denominan las 24 montañas del feng shui. Además de las ocho direcciones principales, el feng shui también identifica dos direcciones más que pueden generar buena o mala suerte: desde arriba (por ejemplo, la energía celestial) y desde abajo (por ejemplo, desde la tierra).

En el feng shui existen varios símbolos que sirven para proteger el hogar, y los chinos son muy aficionados a estos guardianes celestes (el dragón, el tigre, el fénix y la tortuga). En edificios grandes donde entra y sale mucha gente, como templos o palacios, los guardianes más favorables son los leones o los perros Fu (y de distintos tipos, como se puede comprobar en la Ciudad Prohibida de Beijing). En otras partes de China, los dragones Pi Yao o Pi Xie son muy populares. En la práctica actual del feng shui, también podemos proteger nuestros hogares aplicando con inteligencia, o controlando, el ciclo de los cinco elementos (véase página 9).

La mala suerte puede proceder de las 10 direcciones 130

Para proteger su casa o su despacho es importante comprobar si sufre alguna influencia desafortunada procedente de las ocho direcciones principales: norte, sur, este, oeste, sudoeste, noroeste, nordeste y sudeste, así como de arriba o de abajo. Cada una de estas direcciones puede generar todo tipo de energía *chi* negativa, capaz de traernos distintos tipos de mala suerte. En el peor de los casos, este tipo de mala suerte puede suponer la muerte, accidentes fatales y otros acontecimientos trágicos. Así pues, es buena idea cultivar lo que yo denomino «ojo para el feng shui», lo que significa que su subconsciente le alertará inmediatamente frente a cualquier hecho negativo que pueda ser el resultado de alguna nueva estructura o acontecimiento en su entorno inmediato.

Curas y remedios

Si permanece alerta y se familiariza con los métodos adecuados para combatir esta mala suerte, llevará su práctica del feng shui a un nuevo nivel de eficacia. Sin embargo, debe tener presente que, en lo referente a las direcciones de la brújula, lo mejor para contrarrestar la mala suerte es usar remedios basados en el ciclo exhaustivo de los cinco elementos (véase página 9). La idea es agotar la energía del *chi* de la mala suerte que entre en su hogar. Conocer la dirección de la que procede esta mala suerte le permitirá elegir la solución más efectiva para reducir su fuerza. Las curas y los remedios funcionarán siempre y cuando aplique correctamente el ciclo de los cinco elementos, y lo mejor es que puede poner en práctica este principio con tanta creatividad como le parezca.

No deje que el llamado «feng shui clásico» o «feng shui antiguo» le confunda. Lo más importante es entender el concepto fundamental de los remedios de feng shui; luego puede aplicar su creatividad y su racionalidad para diseñar los antídotos precisos contra el origen de la mala suerte. Sin embargo, en el caso de la mala suerte procedente de arriba y abajo, los remedios se basan en la teoría de la energía yin y yang, como verá en los siguientes consejos.

Las diez direcciones generan energía positiva y negativa. La orientación de su hogar y la dirección en la que mira al dormir le traerán, por lo tanto, buena o mala suerte.

Direcciones y elementos	
DIRECCIÓN	**ELEMENTO**
Norte	Agua
Sur	Fuego
Este	Madera
Oeste	Metal
Sudoeste	Tierra
Noroeste	Metal
Nordeste	Tierra
Sudeste	Madera

131 Supere la mala suerte con energía de incienso puro

Si siente que el aire le transmite energía negativa, tal vez porque está contaminado o porque vive en una zona con *smog*, encender una luz brillante para iluminar el techo es muy útil para neutralizar el *chi* invisible que le aplasta. Otro método excelente para combatir la energía celestial procedente del cielo es usar energía de incienso puro. El mejor tipo es el que está elaborado con hierbas de alta montaña que crecen en lugares con un ambiente limpio y puro. Puede poner en práctica un ritual semanal de incienso encendiendo una barra cada viernes por la tarde, hacia las 6.

Malas vibraciones curadas con incienso

La energía del incienso es increíblemente poderosa para limpiar las vibraciones negativas que entran inadvertidamente en la casa. Recuerdo que una vez vino un matrimonio de viejos amigos a pasar un fin de semana con nosotros y lo pasamos fatal. Por algún motivo, ambos entraron con mal pie y cada vez se portaban peor el uno con el otro. Antes de que pudiera darme cuenta, había estallado un conflicto grave en mi casa. Estaban prácticamente a punto de llegar a las manos y, al anochecer del sábado, el aire estaba cargado de tensión. Las viejas rencillas salieron a la superficie y lo que debió haber sido una tarde deliciosa recordando los buenos tiempos se torció completamente. Nos levantamos de la mesa del comedor y fuimos a la sala de estar, pero al parecer sólo conseguimos empeorar las cosas.

El domingo por la mañana acompañamos a nuestros amigos al aeropuerto para que tomaran su vuelo de vuelta a Hong Kong, pero al volver a casa se inició otra discusión entre nosotros sobre algo tan intrascendente que ni siquiera recuerdo de qué se trataba. La ira flotaba en el ambiente. En ese momento, decidí quemar mi incienso especial de montaña, procedente de las altas cumbres del Himalaya, cuyo aire es extremadamente limpio, claro y puro. El incienso de un lugar semejante tiene poderes mágicos purificadores. Antes de dar comienzo al ritual purificador del incienso tomé un baño porque necesitaba tiempo para calmarme.

Cuando me sentí lo bastante serena, paseé con el incienso, dando vueltas en el sentido de las agujas del reloj alrededor del comedor y las salas de estar, para permitir que el incienso se elevara y expandiera. Por la tarde, el ambiente había recobrado la normalidad. Más tarde, mi amiga me llamó para disculparse y le mandé un poco del incienso al escuchar que las diferencias entre ella y su marido habían ido en aumento. Le enseñé a hacer el mismo ritual en toda las habitaciones de su casa tal y como había hecho yo y, a la semana siguiente, llegó mi recompensa en forma de llamada telefónica de mi amiga que, feliz, me contaba que su marido y ella se habían reconciliado.

Acabe con la mala suerte procedente de la tierra rodeando su hogar de plantas 132

Si vive en una zona que se ha usado con «malos propósitos», ya sea como cementerio o como pabellón de ejecuciones en el pasado, por ejemplo, es posible que la energía tierra de la zona contenga restos de energía yin de la muerte. Este tipo de lugares están sujetos a lo que en el feng shui denominamos «formación del espíritu yin», similar a la que causan los números de la estrella volante (véase el consejo 30), aunque su origen en este caso es tangible.

Cómo sobreponerse al *chi* trágico

La tierra sobre la cual se alzan nuestros hogares siempre lleva energía *chi*, que puede ser positiva o negativa. La energía será negativa si contiene restos de *chi* de la infelicidad o de la tragedia. Lo mejor para resolver esta situación es rodearse de energía en crecimiento. Las plantas, los árboles y los arbustos son el mejor antídoto que puede aplicar, ya que desprenden una preciosa energía yang. Al crecer, las plantas generan energía de la vida en estado puro. Los científicos han confirmado este punto al demostrar que los árboles y las plantas producen oxígeno durante su crecimiento. Del mismo modo, las raíces de los árboles y las plantas constituyen el mejor método de transmitir energía yang al suelo que nos rodea, con lo que se reducen las consecuencias del estancamiento del yin.

En el feng shui, las plantas con hojas redondas, como la planta del dinero, son auspiciosas.

Tener plantas, árboles y arbustos cerca de su hogar estimula el flujo de energía yang positiva. Decorar sus espacios exteriores y árboles con una iluminación atrayente (arriba) también genera energía del crecimiento.

133   El ritual de la cuerda para protegerse contra la energía negativa de la tierra

También es posible usar el método de la visualización para contrarrestar la energía negativa procedente de la tierra. Se sabe que la conciencia y la mente humanas son potencialmente las mayores fuentes de *chi* yang positivo, por lo que las personas aficionadas a usar técnicas de meditación para practicar el feng shui interior en su hogar parten con ventaja.

Tranquilice su mente antes de empezar. Recuerde, tiene que sentirse calmado, fuerte y relajado en todo momento mientras medita.

Meditación

Antes de comenzar, salga al jardín y respire aire fresco. Siempre es mejor hacerlo a la luz del día. Luego vuelva dentro.

1   Siéntese con la espalda erguida y los ojos ligeramente inclinados hacia abajo y establezca su motivación, que siempre debería ser beneficiosa para los demás antes que para usted. En este caso, imagine que su motivación es crear un hogar tranquilo y feliz para su familia.

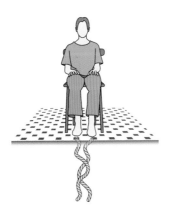

2   Respire con normalidad y haga su respiración cada vez más profunda. Centre sus pensamientos y prepárese para crear la visualización en el interior de su mente.

3   Una vez esté listo, visualice su cuerpo proyectando una cuerda firme que le ata a la tierra. Deje que la cuerda penetre profundamente y, a continuación, imagine su cuerpo mandando luz a esa cuerda, que quedará iluminada.

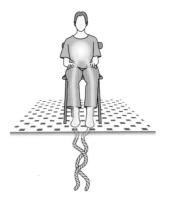

También proyectará brillantes rayos de sol a la tierra que la rodea.

4   Intente mantener esta imagen mental durante unos minutos antes de volver a absorber la cuerda. Descanse un momento antes de levantarse.

Una vez haya terminado, vuelva a salir a la luz del sol y respire hondo para recuperar su propio *chi*.

Use los cinco elementos y la brújula para neutralizarla energía negativa

134

La energía negativa puede adoptar la forma de estructuras hostiles, edificios grandes y feos, una nueva carretera elevada o cualquier cosa que instintivamente le parezca amenazadora (véanse los consejos 1 y 5). Si percibe cualquier elemento de este tipo, lo mejor que puede hacer es comprobar la orientación de la estructura conflictiva con el fin de establecer el origen de la energía negativa. Compruebe las direcciones usando una brújula desde el frente de su hogar. Una vez disponga de esta información, siga estos consejos:

- Si la energía negativa ataca desde el noroeste o el oeste, use energía fuego o agua. La energía fuego destruirá la energía negativa, mientras que el agua la agotará. La fuerza del remedio debe ser proporcional a las medidas de la estructura amenazante. La energía fuego es una luz brillante, mientras que la energía agua se aplica en forma de elemento decorativo con agua, como una fuente, por ejemplo.

Use una brújula para establecer con exactitud la dirección desde la que la energía negativa ataca a su hogar. El chi hostil emana de estructuras externas como las torres de alta tensión o las esquinas de los edificios cercanos.

- La mala suerte procedente del sur se neutraliza con energía tierra colocando cristales en esa dirección. Los cristales agotarán el *chi* de la mala suerte.

- Si el infortunio ataca desde el norte, consiga un cactus o una higuera de las pagodas (o higuera sagrada), que es una higuera con espinas y con unas hojas que, a pesar de su belleza, pueden ser peligrosas si entran en contacto con sus ojos. Se dice que la hoja de la higuera de las pagodas es un remedio excelente contra el mal de ojo, es decir, contra la energía negativa procedente de personas que podrían estar celosas de usted.

- La energía negativa procedente del este y el sudeste se puede aplacar mediante la energía fuego de una luz brillante. Así pues, para enmendar los problemas originados en estas direcciones, instale una luz brillante en esa dirección.

- Elimine la mala suerte del sudoeste usando la energía metal de un carillón. El sonido del metal es excelente contra este problema.

- Controle el mal *chi* del nordeste con *chi* metal, como el de las campanas y los carillones.

La higuera de las pagodas (*Ficus religiosa*) le protegerá de la energía negativa procedente del norte de su hogar. Se cree que sus hojas (foto) protegen del mal de ojo. Si tiene la suerte de tener una higuera sagrada, también puede usarla para mejorar su suerte: plántela en el este, el sudeste o el sector sur de su jardín.

135 Goce de dinero y felicidad con el Buda Sonriente

Los chinos adoran al Buda Sonriente (puede ver su imagen en el consejo 156). De hecho, hay pocos hogares chinos que no cuenten, al menos, con una figurita de este icono gordo y de amplia sonrisa que representa la riqueza y la felicidad.

El Buda como remedio de la estrella del 3

Introducir esta imagen en el hogar no sólo trae riqueza y prosperidad, sino que también lleva la felicidad y un buen humor permanente a todos los habitantes de la vivienda. No puede ser de otro modo viendo su sonrisa feliz y contagiosa. Si encuentra un Buda Sonriente vestido con ropa de color rojo brillante, también es el remedio ideal contra la estrella 3 de la disputa en el sistema de la estrella volante, debido a que el rojo representa la energía fuego, que agota la energía negativa de la estrella número 3.

En cualquier caso, siempre aconsejo a mis alumnos y mis clientes que compren un Buda Sonriente, les afecte o no la estrella de la disputa. Su presencia en el hogar no puede causar ningún daño y sólo puede resultar beneficiosa.

136 Cómo restablecer el equilibrio entre el yin y el yang en el *tai chi* de su hogar

Mucha gente olvida la premisa básica del feng shui según la cual se debe lograr el equilibrio en cada habitación del hogar, no sólo en la integridad de la casa. El «tai chi» es el término usado para describir el símbolo del yin y el yang y, según las guías sobre aplicaciones prácticas, cada espacio concreto debe considerarse *tai chi*. Así pues, el *tai chi* espacial puede ser una mansión enorme y suntuosa o una humilde casa de dos habitaciones; puede ser una casa entera o una sola habitación, e incluso puede limitarse a su escritorio, según lo que usted considere su círculo espacial. Una vez haya diseñado su espacio, es importante hacer un inventario de los objetos que lo ocuparán. A continuación, pregúntese si las energías yin y yang están equilibradas. En otras palabras: ¿el espacio está demasiado iluminado o demasiado oscuro? ¿Hay muchas plantas (en exceso) en el espacio o está estancado? ¿Tiene el escritorio abarrotado de símbolos yang?

Equilibrar las energías yin y yang significa lograr que haya una sana mezcla de ambas, aunque lo ideal es tener un poco más de yang que de yin. Para ello, serene los colores brillantes con otros neutrales e incluya en la mezcla algunos tonos oscuros. El equilibrio entre yin y yang garantiza una combinación saludable de estas dos fuerzas complementarias.

La teoría del yin y el yang se aplica a la proporción, el color y la forma de cada espacio concreto.

El símbolo del yin y el yang.

Jarrones con el dragón y el fénix para lograr paz y armonía

137

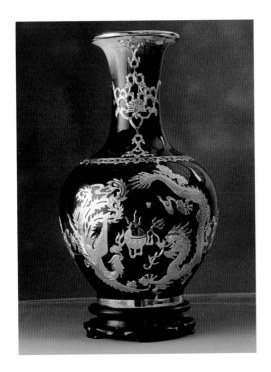

Compre un jarrón dorado con un dragón o un fénix, ya que es una de las maneras más satisfactorias de crear un hogar tranquilo, feliz y próspero. Durante siglos, la realeza china y los mandarines ricos decoraban sus palacios y casas con jarrones exuberantes. No dejaban ni una sola habitación sin una pareja de jarrones de porcelana esmaltados y decorados con todo tipo de símbolos auspiciosos.

En el exterior, en los lugares más públicos, colocaban jarrones gigantescos decorados con colores brillantes y símbolos variados de la longevidad y la riqueza a ambos lados de puertas y entradas, mientras que en las dependencias interiores del hogar los rincones importantes de la vivienda acogían jarrones de oro y una porcelana especial esmaltada.

Jarrones de la riqueza

En los santuarios privados del hogar, la familia exhibía como mínimo un jarrón de la riqueza que pasaba de generación en generación. Su presencia en la casa aseguraba una acumulación estable de riquezas por parte de la familia. Los jarrones de la riqueza son jarrones rellenos y consagrados con sustancias especiales que simbolizan los ingresos y la riqueza de la familia, como oro auténtico, diamantes y otras piedras preciosas. Además, los jarrones de la riqueza siempre contenían tierra de la propiedad de una persona rica y, si era posible, algo de dinero de otra persona adinerada, como por ejemplo unas monedas. Simbólicamente, con ello tomaban prestado el *chi* de la riqueza de esa persona y activaban el jarrón de la riqueza.

Los jarrones están considerados uno de los ocho objetos preciosos en el budismo chino, pese a que su presencia simbólica en los hogares ha motivado que su popularidad se expanda más allá de su sentido religioso o espiritual. La palabra china para decir «jarrón» es *ping*, que también suena como «paz».

Los jarrones de este tipo (color granate) son excelentes en el feng shui. El dragón dorado y el fénix simbolizan un matrimonio feliz y próspero.

La imagen del fénix siempre simboliza oportunidades maravillosas que vienen hacia nosotros. Por sí mismo, el fénix es un símbolo muy poderoso, que atrae oleadas repentinas de buena suerte. El fénix también es el rey de las aves, y la energía de los pájaros siempre trae buenas noticias.

138 Un Ru Yi de palisandro fortalece el *chi* del cabeza de familia

Antiguamente, los hombres poderosos y con autoridad en China llevaban el Ru Yi (generalmente de jade con objetos auspiciosos grabados o de oro con piedras preciosas). Incluso el emperador llevaba este cetro de autoridad imperial y poder real, del cual se decía que transmitía la autoridad y el poder de su fuerza vital. Desde entonces, el Ru Yi se ha reverenciado como un símbolo de la más alta autoridad.

Hoy en día, se cree que colocar el Ru Yi en su hogar le confiere el *chi* del liderazgo y la influencia. Si es directivo u ocupa un alto cargo, la presencia del Ru Yi le garantiza que se asuma su autoridad y se respeten sus opiniones. Se trata de la mejor herramienta del feng shui para los directivos y los ejecutivos y, colocado dentro del hogar, resulta una ayuda de una eficacia asombrosa para el cabeza de familia.

El nudo místico es un símbolo de buena fortuna que se suele encontrar en el Ru Yi.

Un Ru Yi de palisandro resulta ideal para la ascensión por la escalera empresarial. El palisandro es una madera auspiciosa en el feng shui y la madera también simboliza el *chi* del crecimiento.

Normas del Ru Yi

Es importante que se asegure de que su Ru Yi es acorde a su estatus. No coloque un Ru Yi de plástico en su hogar ni en su despacho, ni tampoco uno hecho de ningún material barato. Debe buscar un Ru Yi de un material noble. El tamaño no es tan importante como la artesanía del Ru Yi.

Recuerde que el Ru Yi representa el poder del alto oficial que tiene autoridad suficiente para tomar decisiones importantes. Por tanto, necesita un Ru Yi que simbolice este poder, ya que sólo de este modo conferirá una poderosa suerte en la autoridad a aquellos que deseen tener este tipo de influencia.

Si el Ru Yi está decorado con otros símbolos de buena fortuna, como el nudo místico de los 8 Inmortales manifestando ocho tipos de buena fortuna (asociados con la longevidad, la buena salud, la felicidad, el éxito y la prosperidad), tiene un valor añadido. Cada uno de los Inmortales representa la consecución de los más altos niveles de éxito en distintas profesiones. Coloque el Ru Yi en su estudio, orientado hacia el noroeste.

Fortalezca a la madre manteniendo el sudoeste muy iluminado 139

Es importante que todas las casas dispongan de un sector sudoeste, del cual pueden carecer si son en forma de L. Si esa esquina no existe, el *chi* que se crea es el de una madre que pasa más tiempo lejos del hogar de lo normal. Puede suponer, por ejemplo, que la madre trabaje muchas horas extra o que abandone la familia.

El sector sudoeste de la casa debería estar limpio y ordenado, así como decorado con símbolos auspiciosos que beneficien el *chi* tierra de la madre. Cristales o bien objetos de cristal son una opción excelente para vigorizar este rincón del hogar. Además, debe mantener el sudoeste bien iluminado en todo momento, dado que el *chi* fuego en esta ubicación fortalece la energía matriarcal. Si procede de este modo, se beneficiará de una gran armonía y una energía del amor floreciente. A fin de cuentas, el sudoeste es la esquina universal del amor y el romance.

PREGUNTA Y RESPUESTA

¿Cuáles son los cristales más apropiados para fortalecer la energía de la madre en el sudoeste?

Si desea usar cristales para la práctica del feng shui, siempre es buena idea comprar cuarzo natural, ya que este tipo de cristal es el que goza de una mayor energía conductiva. Si encuentra una que le guste, compre una piedra de este cristal. Si los cristales naturales le resultan demasiado caros, compre una piedra o una roca bonita, dedo que a menudo tienen la misma eficacia. Lo ideal sería que fuera de unos 30 cm de diámetro.

Mantenga el sector sudoeste de su casa limpio y bien iluminado en todo momento.

El elemento del sudoeste es la tierra, simbolizada por el cristal. Coloque un cristal en esta zona de su casa para estimular la presencia materna.

140   Utilice espejos de pared para duplicar el buen *chi*

Mantenga los espejos limpios y radiantes para maximizar su chi portador de riquezas.

Puede colgar espejos de pared en el comedor o en la sala de estar para ampliar el tamaño de estas partes auspiciosas de su hogar. Un espejo de pared grande situado en el comedor dobla realmente la comida que se coloca sobre la mesa. Es una demostración excelente de feng shui, ya que ello simboliza que la familia aumentará su riqueza. Los chinos consideran que la comida siempre simboliza la prosperidad y, por consiguiente, duplicar la comida es un hecho simbólico auspicioso.

Comidas de familia

Es crucial que durante las comidas familiares más relevantes, celebradas en las fechas en las que todos sus miembros se reúnen para comer (como la Nochevieja para los chinos, el día de Acción de Gracias para los norteamericanos o el día de Navidad para los cristianos), el espejo de pared capture y almacene todo el *chi* de la felicidad que se crea. Se trata de un método excelente para garantizar que el hogar permanezca feliz y la familia siga unida. Sin embargo, recuerde que tener espejos en el comedor es muy distinto de tenerlos en la cocina. De hecho, los espejos en la cocina son una apuesta muy arriesgada, ya que duplicar la comida que se cocina en lugar de la que se come se considera un acto poco auspicioso.

Coloque piedras preciosas alrededor de su signo animal para hacer realidad un deseo 141

Un método muy inteligente (y exitoso) para atraer excelentes oportunidades a su vida consiste en rodear la imagen de su signo animal con ocho «joyas de los deseos». Se trata de cristales en forma de diamantes y otras gemas que simulan las joyas de los deseos y pueden ser de distintos tamaños y colores. Si es usted una persona nacida en el año del caballo, por ejemplo, ese es su signo astrológico chino y debería colocar la imagen de un caballo rodeado de las ocho gemas.

Hecho esto, aparecerán en su vida oportunidades y acontecimientos positivos. Coloque el conjunto sobre su mesa o en una zona privilegiada de la sala de estar. Como yo misma soy una gran creyente en las piedras preciosas, coloco grandes cantidades de estas gemas de cristal en diversas partes

de mi casa y sobre mi escritorio. También las uso como ofrendas a los budas de mi altar. Cada joya simboliza uno de mis deseos. Mi lista de deseos es muy larga, así que pueden imaginarse la cantidad de joyas que uso.

Puede usar gemas a modo de ofrendas en un altar. Los chinos creen que este acto hace que sus plegarias se cumplan.

Cree un manantial en su hogar 142

Conocer las fórmulas y teorías del feng shui es una cosa, pero poner ese conocimiento en práctica de un modo poderoso y eficaz es otra bien distinta. A lo largo de los años he hecho experimentos con muchísimos elementos con agua para impulsar mi suerte en el dinero. Todos ellos han funcionado bastante bien, dado que basta con colocar el agua en los lugares adecuados y actualizar estos rincones según la energía *chi* de cada año, pero algunos han funcionado claramente mejor que otros.

El *chi* del agua

Un método muy efectivo para usar el agua es crear un manantial natural en su jardín o en el interior de su casa o, al menos, algo que parezca un manantial natural. Elija un rincón auspicioso de su jardín o de su hogar y cave un pequeño

agujero circular de unos 45 cm de diámetro. Instale un tubo y luego bombee agua por él de manera que parezca que surge del suelo de forma natural. Esta instalación es extremadamente auspiciosa en el actual período del 8, dado que es como si la tierra le ofreciera riquezas en forma de agua surgida del suelo.

Asegúrese de construir un sistema de drenaje para que el agua se recicle constantemente y no haga un manantial demasiado grande. No conviene cavar un agujero grande en el interior del hogar, por lo que no debería superar los 45 cm de diámetro. También debe tener muy en cuenta las limitaciones a las obras en las zonas afectadas por las aflicciones anuales como el Gran Duque, los tres asesinatos y el cinco amarillo.

143 Atraiga la energía feliz de un centenar de pájaros

Exhibir el fénix y la imagen de muchos pájaros ayuda a mandar nuestras plegarias y deseos al cielo.

Uno de los secretos más celosamente guardados de los maestros taoístas es el *chi* enormemente auspicioso que simbolizan los pájaros. Estas criaturas emplumadas son increíblemente eficaces para hacer llegar nuestros deseos y aspiraciones al más allá cósmico. Se dice que los pájaros son los mensajeros de los dioses, puesto que manifiestan la poderosa energía de los vientos; y, si exhibe hermosas imágenes decorativas de pájaros o cuadros que los representen, simbolizarán la armonía, el romance y las relaciones sentimentales.

Los taoístas aprueban fervientemente que en los hogares se cuelguen cuadros de cientos de pájaros, ya estas obras reúnen todos los pájaros auspiciosos, incluyendo al rey de los pájaros, la criatura que lo convierte todo en auspicioso: el fénix. En el año del pájaro (2005), la energía de los pájaros es aún más favorable. Si quiere ir más allá, ¡le aconsejo que busque un cuadro o una fotografía con un millón de pájaros!

Tenga en cuenta que:

- Los patos mandarines, los patos, los cisnes y los gansos simbolizan el romance y el amor eterno.

- Las grullas simbolizan la longevidad.

- El gallo significa el triunfo sobre los rumores y las presiones de la competencia.

- Las urracas anuncian buenas noticias.

PREGUNTA Y RESPUESTA

¿Hay algún pájaro que deba evitar?

No. Todos los pájaros tienen algún significado beneficioso. Así, por ejemplo, el águila es un ave protectora, mientras que el cuervo es un pájaro que trae mensajes de los cielos. Dicho esto, evidentemente es buena idea primar los pájaros que más le gusten por encima de aquellos que no le agradan. A la hora de usar símbolos de la buena suerte o protectores, lo principal es asegurarse de que tanto usted como todos los miembros de la familia se sientan cómodos viviendo con ellos. Yo misma, por ejemplo, tengo dos fénix gigantescos de latón flanqueando la entrada. A mi familia le encantan, pero a otras personas les podrían parecer algo exagerados. Siempre debe seguir sus gustos personales a la hora de elegir símbolos.

Ponga un gallo en su lugar de trabajo para contrarrestar las maniobras políticas hostiles en su oficina.

Símbolos relajantes que calman la rivalidad entre hermanos   144

Si tiene una familia muy numerosa en la que conviven muchos niños, es buena idea introducir energía relajante en el hogar. Para lograrlo, lo único que necesita son bolas de cristal natural pulido o bien otro tipo de esferas, como esferas o manzanas de vidrio. Es importante que tengan una superficie suave y que estén hechas de cuarzo y del tipo de piedras semipreciosas que se asocian tradicionalmente con las vibraciones relajantes. Evidentemente, las mejores son las de cuarzo natural expuestas en grupos de seis. Las esferas pueden ser del tamaño que usted desee.

El número 6 es relevante en este contexto porque es el número de la energía calmante del cielo. Si no se puede permitir comprar las esferas de cuarzo natural, busque esferas de vidrio en distintos tonos de azul, verde, lavanda y amarillo. Colóquelas sobre una mesita o en una estantería para que pueda verlas cualquier persona que entre o salga de la casa. Con el tiempo, acabará notando la influencia relajante de estas maravillosas esferas. Son especialmente eficaces para disolver cualquier pensamiento de rivalidad o competencia entre hermanos e incluso entre cónyuges.

Las esferas de vidrio o de cristal natural fomentan las buenas relaciones entre hermanos. Ponga seis esferas juntas para simbolizar la calma.

Exhiba la manzana, fruta de la paz, en su casa   145

A los chinos les gusta crear el *chi* de la fruta de la paz en sus hogares. En chino, la palabra para decir «manzana» es *ping* y suena muy similar a la palabra «paz». El resultado de ello es que siempre se ha considerado que la manzana ejerce una influencia tranquilizante si se usa en el interior de la casa.

Las manzanas son más eficaces si son de cristal natural o de vidrio, pues simulan la energía tierra asociada con la energía nutritiva. También son elementos excelentes en este período del 8, que es un período de tierra. Por este motivo, durante los próximos 20 años, hasta el 4 de febrero de 2024, los cristales naturales serán cada vez más eficaces en la práctica del feng shui. Coleccione manzanas de todo el mundo y, si visita Nueva York (la Gran Manzana), busque todos los tipos diferentes que existen. La ciudad tiene la mayor selección de manzanas del mundo y, además, la fruta contiene la energía yang de la gran ciudad. Lleve una parte de esa poderosa energía yang a su casa.

Elija manzanas hechas de cualquier material (metal, cristal, cerámica, madera, etc.) como símbolo de paz. O también coloque seis manzanas de verdad en su mesa de centro para tener paz y armonía.

146   Coloque pagodas en las esquinas estratégicas de las casas con niños

Si quiere que sus hijos sean más responsables y menos hiperactivos, las pagodas son símbolos que le pueden ayudar en casa, ya que ejercen una influencia calmante en los hogares habitados por muchos hijos exigentes. La pagoda también es un símbolo que ayuda a los niños a manifestar todas sus habilidades escolares. Pronto se dará cuenta de que quieren estudiar y obtener buenas notas en el colegio, y lo mejor es que las pagodas, sobre todo las de cerámica o de cristal, son ideales para mejorar su concentración y su atención. Colóquelas en el rincón nordeste de sus dormitorios. Recuerde que lo ideal es tener una pagoda por cada hijo o, como mínimo, una en cada habitación.

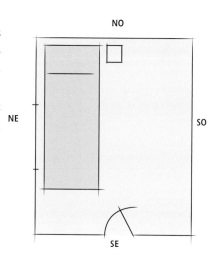

Coloque una pagoda en el nordeste para ayudar a los niños con los deberes. En este caso, la pagoda estaría en el alféizar de la ventana, a la izquierda de la cama.

147   Mejore los deberes de los hijos usando sus puntos cardinales favorables

Los niños pueden sentarse y dormir según su orientación afortunada para lograr crecimiento personal y buenos resultados escolares.

El mejor método para optimizar la capacidad de estudio de sus hijos es, probablemente, crearles una mesa de estudio que les permita sentarse orientados hacia su dirección personal de crecimiento. Esta dirección se basa en su número Kua (consulte el consejo 19). Una vez calculado este número, basta con comprobar en la tabla siguiente cuál es su dirección personal de crecimiento. Una vez hecho esto, redistribuya su dormitorio o su sala de estudio de manera que permita a todos sus hijos sentarse orientados en esa dirección y dormir con la cabeza apuntando hacia ella. Así pues, lo ideal sería que la cama y la mesa estuvieran colocadas contra la misma pared representativa de su mejor orientación para estudiar. Asegúrese de que no haya cantos ni vigas justo sobre la cabeza de sus hijos mientras duermen o estudian.

Direcciones positivas para el trabajo escolar

NÚMEROS KUA	DIRECCIÓN
1	Norte
2	Sudoeste
3	Este
4	Sudeste
5	*
6	Noroeste
7	Oeste
8	Nordeste
9	Sur

* Los niños con el número Kua 5 deben usar el sudoeste. Las niñas, el nordeste.

Mire la televisión sobre cojines rojos para garantizar la buena voluntad 148

Un método seguro para evitar las discusiones y las peleas en el hogar o, por lo menos, reducirlas drásticamente consiste en usar cojines rojos para mirar la televisión. Puede ampliar este sencillo antídoto contra las manifestaciones de la energía hostil repartiendo cosas de color rojo por todas las partes de la casa en las que se suele reunir la familia, como por ejemplo el comedor, la sala de estar o la sala del televisor. Esto se debe a que el rojo simboliza la energía fuego, que agota la energía hostil de la estrella de la disputa. Esta estrella «vuela» por toda la casa cambiando de posi-

ción cada mes y la puede localizar mediante fórmulas de la estrella volante. Sin embargo, esta última solución puede ser problemática, ya que exige que conozca diversas fórmulas de feng shui, por lo que una opción más fácil de llevar a cabo es, sencillamente, colocar curas en la casa que acaben con la energía de la disputa y dejarlas en el mismo lugar todo el año. Este es uno de los motivos por los que a los chinos les gusta tanto el color rojo. Además de ser un color auspicioso, el rojo también acaba con los malentendidos y las vibraciones hostiles de cualquier espacio.

Ponga elementos rojos en las salas comunes para evitar discusiones.

149 Cómo activar la suerte de la flor de melocotón para multiplicar las opciones de matrimonio

Maximice sus posibilidades en el amor y el matrimonio activando animales astrológicos para que acudan en su ayuda.

Corazones solitarios, solteros desamparados... Todas las personas que se han visto repetidamente decepcionadas en su búsqueda de una pareja o un cónyuge agradecerán este sencillo método de feng shui para atraer la suerte del matrimonio a su vida. Este método no sirve para quien sólo busque un poco de diversión frívola y se debe aplicar conjuntamente con la vigorización de la esquina sudoeste de la casa mediante imágenes que favorezcan el amor, como patos mandarines, caracteres de la doble felicidad y los símbolos del dragón y el fénix. Este método se basa en activar su suerte de la flor de melocotón.

Signos animales

Comience familiarizándose con la rueda astrológica, que le muestra la dirección en la brújula de cada uno de los 24 signos animales (véase el con-

sejo 108). Esta tabla es la base del sistema chino de mejora del espacio. Comprobará que hay 24 animales dispersados alrededor de la brújula y también observará que los signos animales ocupan la mitad de las 24 montañas de la brújula y que cada símbolo animal tiene asignada una dirección de la brújula.

El método se centra en los cuatro signos animales que ocupan los cuatro puntos cardinales de la brújula. Se trata del caballo, que ocupa el sur; la rata, que ocupa el norte; el conejo, que ocupa el este y el gallo, que ocupa el oeste. Cada uno de estos cuatro signos animales tiene el poder de llevar la suerte de la flor de melocotón a un grupo específico de gente nacida bajo ciertos signos animales.

Para determinar cuál de estos cuatro animales tiene la llave que libera su suerte de la flor de melocotón, deberá determinar su trinidad de signos animales afines, que resumimos a continuación.

Grupos de afinidad de la flor de melocotón

Grupo A	Serpiente, gallo y buey
Grupo B	Cerdp. conejo y oveja
Grupo C	Tigre, perro y caballo
Grupo D	Mono, dragón y rata

Lea los consejos siguientes para su signo animal.

Cómo crear oportunidades amorosas para la serpiente, el gallo y el buey 150

Para generar la suerte de la flor de melocotón para las personas nacidas en los años de la serpiente, el gallo y el buey, coloque una imagen del caballo en la parte sur de la casa y, si lo desea, también en su dormitorio. Es vital colocar la imagen en la zona sur de la casa. Si esa parte alberga un lavabo o un trastero, busque un lugar adecuado en el jardín o en la parte sur de la sala de estar. Asegúrese de comprar un caballo con joyas y bien elaborado. Cuanto más hermosa sea esta imagen, mejores serán sus opciones de encontrar pareja.

Es importante tener paciencia. Si se cita con una persona que le gusta pero no está convencida de si debe establecer un compromiso, debe comprender que la suerte de la flor de melocotón no puede obligar a esa persona a querer casarse con usted. Incluso podría desencadenar una ruptura de la re-

Si es gallo, buey o serpiente, use un caballo para tener buena suerte en el amor.

lación si no existe una afinidad de destinos entre usted y su persona amada. En realidad, el romper una relación que no va a ninguna parte le puede estar despejando el camino para que pueda conocer a su auténtica pareja en el matrimonio.

Cómo facilitar el matrimonio a la rata, el dragón y el mono 151

Utilice el gallo para atraer el amor si es usted rata, dragón o mono.

En el caso de las personas nacidas en los años de la rata, el dragón o el mono, el *chi* animal que liberará su suerte de la flor de melocotón es el gallo colocado en la parte oeste de su hogar o dormitorio. El tamaño de la imagen no importa mientras el gallo parezca una obra artesanal y, preferiblemente, esté adornado con joyas. Me han preguntado si el sexo del animal es importante y la respuesta es no. Después de todo, no pretende activar una pareja potencial que sea gallo, sino que pretende que se materialice la suerte de la flor de melocotón.

152 La suerte en el amor para el conejo, la oveja y el cerdo

as personas nacidas en los años del conejo, la oveja o el cerdo deberían colocar la imagen de una rata en el norte de su casa o dormitorio para activar la suerte de la flor de melocotón. Busque una figura de la rata bien elaborada y, si es posible, que parezca una mangosta escupiendo joyas o bien que esté decorada con cristales que parezcan joyas.

La calidad de los elementos decorativos colocados en la casa para simbolizar un buen feng shui debe ser siempre alta y nunca deben parecer productos baratos hechos de hojalata o de plástico. Tenga presente que el simbolismo se extiende a todas las dimensiones de la práctica.

Esta es una pintura del buda tibetano de la riqueza, el Shambala amarillo, que tradicionalmente sostiene una rata o mangosta que escupe joyas. Si usted ha nacido en el año del conejo, la oveja o el cerdo, tener esta pintura activa la suerte amorosa y económica: ¡podría incluso atraer a una pareja pudiente! Asegúrese de colgarla en la pared norte de su casa.

153 Campanas nupciales para el caballo, el perro y el tigre

i ha nacido en el año del caballo, el perro o el tigre, debería colocar la imagen de un conejo en el este si de verdad pretende establecerse y contraer matrimonio. Si activa la suerte de la flor de melocotón, creará la situación ideal para conocer a alguien con las mismas intenciones, pero el método no garantiza la calidad de la pareja ni la longevidad del matrimonio. Estos aspectos dependen de su propio destino y karma.

El feng shui crea la energía *chi* que conduce a una vida agradable y feliz. No es mágico y no puede usarse para cambiar el destino de alguien o sus sentimientos más íntimos hacia usted. El feng shui sólo le proporciona una tercera parte de su suerte: los otros dos tercios responden al destino de su karma y a las decisiones que tome.

Coloque un conejo decorativo en la parte este para activar la suerte en el amor. Si es posible, escójalo adornado con joyas: ¡cuanto más valioso sea, más probabilidades de tener éxito!

Fortalezca las relaciones matrimoniales usando amatistas 154

Por ejemplo, en el período del 8, si desea que su relación amorosa dure, sobre todo en el caso de que ya haya contraído matrimonio y no esté buscando un triángulo amoroso, puede fortalecer la energía de su matrimonio colocando cristales de amatista en el dormitorio. De hecho, un poderoso método taoísta para mantener permanentemente unidos a marido y mujer y hacerles inmunes a cualquier interferencia de una tercera parte consiste en colocar una geoda de amatista sin tallar debajo de la cama, justo por debajo de los pies, y atarla a la pata de la cama con una cuerda roja. Produce el efecto de garantizar que la pareja de durmientes no emprenda ninguna nueva relación.

PREGUNTA Y RESPUESTA

Tengo una cama diván sin patas. ¿Dónde debo colocar la geoda de amatista?

Desafortunadamente, no podrá emplear este método, por lo que en este caso debería asegurarse de que su cónyuge mantenga su atención en el matrimonio. Para ello, lo mejor es dormir con la cabeza apuntando hacia la dirección del matrimonio de su pareja, también conocida como dirección *nien yen* (véase el consejo 19).

Una geoda de amatista atada con una cinta roja a la pata de la cama, colocada bajo el lado en el que duerme la mujer, ayuda a fortalecer las relaciones aumentando las energías femeninas de la tierra. Este truco también funciona para hombres casados con una mujer un poco coqueta.

155 ¿Por qué sigo sin pareja?

Si su soltería perdura y se pregunta por qué, a continuación le proponemos una lista para que la examine y compruebe el feng shui de su hogar. Si vive en su propia casa o apartamento, también debería consultarla para comprobar el del hogar de sus padres en el que creció.

- Compruebe la dirección en la que duerme y asegúrese de que al dormir su cabeza apunte a su dirección del amor o *nien yen* (véase el consejo 19). Si duerme con la cabeza apuntando a cualquier otra dirección, podría estar dañando sus opciones de matrimonio, sobre todo si descubre que otros indicadores de su suerte en el amor sufren un bloqueo.

- Compruebe que su ubicación astrológica según su signo animal (consulte la página 11 y el consejo 108) no se ve perjudicada por un lavabo o un trastero y también que no está desordenada ni sufre algún otro tipo de aflicción.

- Compruebe que el sudoeste de la casa no se ve afectado del mismo modo por la presencia de un lavabo, ya que el cuarto de baño destruiría la suerte en el amor de todas las personas solteras de la casa.

Si es mujer y busca una relación, inspeccione la decoración de su casa. No cuelgue cuadros de mujeres solas, ya que no logrará más que consolidar su condición de soltera.

- Asegúrese de que la casa no se encuentra dominada por la energía femenina yin si es usted mujer o por la energía masculina yang si es usted un hombre. Si la decoración, los cuadros y otros símbolos son demasiado yin femenino o yang masculino, pueden surtir un efecto negativo sobre sus posibilidades de casarse.

Buen feng shui para garantizar la fertilidad 156

También es posible usar el feng shui para mejorar su suerte a la hora de tener descendencia. Es parte de la «felicidad» que el feng shui puede aportar a las familias y, de hecho, se considera el principal beneficio de poseer un buen feng shui.

El Buda Sonriente de la fertilidad

Un método sencillo para tener buena suerte para concebir hijos consiste en usar la imagen de un Buda Sonriente rodeado de niños o colgar un cuadro con cien niños, una imagen muy famosa en el este. Siempre se colgaba en las dependencias de los emperadores de China, ya que para ellos tener abundantes príncipes sucesores era una de sus principales preocupaciones.

Hoy en día se puede encontrar la imagen de los cien niños pintada a mano en grandes bolas de cristal (la encontrará en tiendas especializadas o en wofs.com), que se pueden activar haciéndolas girar o proyectando sobre ellas una luz brillante. Si añade un gran loto de cristal rosa a la decoración, también ayudará a mejorar sustancialmente su suerte para tener hijos.

Las imágenes de niños aumentan las oportunidades de fertilidad y obran maravillas para las parejas sin hijos. Colóquelos en el oeste, ya que es la esquina de la casa de la descendencia.

Quienes quieran hijos deben activar la suerte 157
con una pareja de elefantes

El símbolo que tradicionalmente trae descendencia al hogar es el de una pareja de elefantes mostrados en una postura benigna. En esta postura, los elefantes aparecen con la trompa caída. Debería colocarlos en el interior del dormitorio, cerca del lecho conyugal. Evidentemente, los elefantes presentes en una habitación nunca deben tener la trompa levantada, ya que ello podría causar problemas inesperados a la pareja. Tampoco deben ser grandes. Bastará con un par de elefantes pequeños para la mesita de noche.

158 Ayudas del feng shui para las parejas sin hijos

i los símbolos de la fertilidad son excelentes para crear suerte de cara a la descendencia, las parejas sin hijos que necesiten la ayuda del feng shui deberían pensar en cambiar de orientación al dormir. Lo más adecuado para generar una suerte familiar enfocada a tener hijos es que ambos cónyuges duerman con la cabeza apuntando hacia la dirección *nien yen* del marido, basada en el número Kua de él (véase el consejo 19), que se puede aplicar a la tabla adjunta para determinar su dirección *nien yen* al dormir. Si no puede orientar su cama de manera que quede en la dirección adecuada, pruebe a buscar otra habitación en su casa donde pueda hacerlo. Esto es todo lo que debe hacer para ayudar a la mujer a concebir hijos.

Los símbolos de la fertilidad incluyen frutas como las granadas, pero puede reforzar aún más su suerte para tener hijos orientando la cama en su dirección *nien yen* o del amor (véase tabla adjunta).

N.º Kua	Dirección *nien yen*
1	Sur
2	Noroeste
3	Sudeste
4	Este
5*	
6	Sudoeste
7	Nordeste
8	Oeste
9	Norte

* Los hombres con el número Kua 5 deben usar el noroeste.

Una vida laboral plena es aquella que produce suficiente dinero para que usted y su familia vivan cómodamente y pueda cumplir con todas sus obligaciones económicas. Con frecuencia, en otras culturas, esta situación se describe como «tener un cuenco de arroz de oro». El cuenco de arroz es una metáfora de tener bastante para comer y para disfrutar. En el feng shui, el cuenco de arroz de oro, que incluye los palillos de oro y la cuchara sopera de oro, simboliza la atracción del tipo de suerte profesional que le puede proporcionar un trabajo de ensueño. Si ya disfruta de un puesto de este tipo, el simbolismo garantizará que permanezca en él mucho tiempo y que crezca con el trabajo. Si todavía lucha por conseguir una posición semejante, coloque el cuenco de arroz de oro en la parte norte de su casa o de su dormitorio con unos palillos y una cuchara a juego para contribuir a hacer su sueño realidad. El norte es la dirección que representa el trabajo y para encontrarlo es mejor usar una brújula que tratar de adivinar su posición. En el feng shui chino, las orientaciones siempre se deben medir con una brújula.

El cuenco de arroz de oro se presenta habitualmente con una cuchara y palillos y simboliza la suerte en la carrera profesional.

Una orientación armónica durante el sueño evita que los niños se peleen 160

Si quiere asegurarse de que sus hijos no se pelean ni se enzarzan en una rivalidad competitiva entre hermanos, asegúrese de que al dormir sus cabezas apunten hacia una dirección armónica y beneficiosa. Si los niños duermen con esta orientación auspiciosa, su energía *chi* se entrelazará automáticamente de forma armoniosa. Los problemas pueden surgir cuando su orientación es errónea. No debe preocuparse por su orientación más favorable en el aspecto económico, porque todavía son demasiado pequeños para activar la buena suerte. Lo que necesitan en este momento es suerte familiar y suerte para su desarrollo personal y crecimiento.

Para que los niños trabajen y estudien sin pelearse, asegúrese de que duermen orientados hacia su dirección *nien yen* (consulte la tabla del consejo 19).

161 Lámparas de lava para mejorar el amor

En los últimos años he visto algunos nuevos diseños bastante asombrosos de lámparas de lava. Las lámparas de lava, incluso las que son de lava coloreada con tiras de metal que flotan suavemente dentro de un recipiente lleno de aceite, son maravillosas para el feng shui. Supe inmediatamente que serían ideales para activar la energía *chi* de cualquier espacio. Son especialmente idóneas para mantener la energía del sudoeste en un movimiento auspicioso, con lo que se crea la energía de la nutrición y los cuidados o, en otras palabras, el amor, la lealtad y los cuidados atentos de la energía matriarcal.

Beneficios del yang

Estas lámparas generan un *chi* yang relajante y he descubierto que son realmente excelentes colocadas en el dormitorio o, de hecho, casi en cualquier sitio del hogar en el que quiera que florezca su energía. Puede contemplarla durante largo tiempo en trance debido a los trozos de metal que se mueven en el interior del aceite caliente. Las luces y el calor que estas producen generan unas vibraciones que hacen que el aceite se mueva y active la energía de la habitación, dándole vida y felicidad. Yo uso estas lámparas como ofrendas de luz en mis altares y como mejoras para las partes de la casa en las que quiero que la energía se mantenga en movimiento para que no se estanque. Se trata de un método muy elegante de practicar el feng shui, muy sutil y muy barato.

Cómo reactivar la pasión en las relaciones largas   162

Si quiere reavivar la pasión en una relación larga que parezca haberse estancado, no porque el amor haya desaparecido, sino simplemente porque es preciso volver a encender la chispa, debe emplear el simbolismo de las peonías rojas. Se trata de la reina de las flores, denominada *mou tan* por los chinos. Si cuelga un cuadro bien elaborado de la flor *mou tan*, tenga por seguro que reavivará radicalmente su vida amorosa, ya que se considera que crea las vibraciones *chi* que provocan cosquilleos en las entrañas. La flor *mou tan* se asocia con el amor conyugal y la felicidad sexual; por tanto, si quiere recuperar esas sensaciones que tanto tiempo llevan dormidas, compre un cuadro de peonías de calidad.

Las peonías reales o los cuadros en los que aparecen mejoran la suerte en el amor.

Techos que mejoran y transforman la energía celestial   163

Para transformar su casa en un hogar del período 8 y poder beneficiarse de la energía *chi* del período actual, también deberá cambiar el tejado, pero si vive en un piso y le resulta imposible hacerlo, tal vez debería instalar un nuevo techo. Al hacerlo creará nueva energía celestial, sin duda alguna uno de los requisitos para absorber la energía del nuevo período. Durante el proceso, puede ser buena idea incorporar algunos diseños redondos al nuevo techo. La forma circular simboliza la energía celestial y por ello es especialmente adecuada para el techo.

Evite también los diseños protuberantes que parezcan hostiles. Esté siempre alerta de las protuberancias que envíen energía negativa desde arriba.

Los diseños circulares en el techo optimizan la energía celestial. Tenga en cuenta que un buen feng shui siempre crea una trinidad entre cielo, tierra y el *chi* humano, de manera que es buena idea asegurarse de que haya energía yang en los techos.

164

Las cenefas cuadradas en el suelo generan abundante *chi* fundamental

Actualice su hogar para el período 8 introduciendo cuadrados en los diseños del suelo, con lo que favorecerá la estabilidad. Si cambia el pavimento, la energía terrestre de su casa se revitaliza, lo cual es el punto más importante para adaptar el *chi* de su hogar al período 8.

Es muy conveniente crear cenefas y diseños con cuadrados en la planta baja, el camino de entrada o incluso el jardín porque con ello cimienta literalmente el *chi* tierra de su hogar. De este modo se asegurará de que su fortuna se asiente y le proporcione la estabilidad que precisa para crecer y expandirse con el paso de los años. La energía tierra también es excelente en este período tierra del 8, que durará cerca de 20 años más. Así pues, si todavía no lo ha hecho, cambie el suelo como parte de su plan para transformar su hogar en uno del período 8 (véase el consejo 63) y, durante el proceso, incluya algunos elementos cuadrados en los suelos. Puede hacerlo aunque el suelo esté enmoquetado o sea de madera. Use su creatividad tanto como quiera.

PREGUNTA Y RESPUESTA

No puedo cambiar la moqueta, así que ¿puedo usar felpudos que tengan cuadrados en su diseño?

Sí, y esto debería abrirle los ojos en lo referente a la decoración de las alfombras. Aunque algunos diseños abstractos pueden ser muy atractivos, inclínese por los diseños que contengan círculos y cuadrados. Los círculos siempre son buen feng shui, ya que recuerdan una fuente inacabable de unidad y buena fortuna.

La escalera determina la calidad de la comunicación dentro de la familia 165

La escalera es una zona de la casa frecuentemente olvidada. Es una lástima, porque su energía es la que determina la calidad de la comunicación entre miembros de la familia. Si quiere que los vínculos entre los residentes en la casa sean armónicos y agradables, debería asegurarse de que la escalera esté bañada por un buen *chi*. Para ello, debe mantenerla bien iluminada en todo momento. También es conveniente decorar la pared de la escalera, ya que con ello frenará el *chi* en el momento en el que ascienda a la siguiente planta. Asimismo debe ocuparse de que no existan aberturas entre los escalones, ya que pueden provocar que el dinero fluya hacia fuera de la casa sin que se dé cuenta. Mantenga su escalera en buen estado y con un aspecto feliz, y los habitantes de su casa se llevarán de perlas.

Mantenga la escalera limpia y bien iluminada para fomentar la buena comunicación en la casa. Esto es debido a que las escaleras son lugares donde la energía de nivel más bajo (tierra) se mueve hacia el nivel más alto (cielo), de forma que es muy beneficioso para toda la familia hacer que sean auspiciosas y espaciosas.

Los pasillos influyen en el estado anímico del hogar 166

Los pasillos influyen en el estado anímico que prevalece en la casa. De hecho, es mejor que no haya pasillos ni en las casas ni en los pisos, dado que tienden a ser pasadizos largos y estrechos con puertas a varias habitaciones, una disposición que a menudo provoca conductas hostiles. Si hay pasillos, los mejores son los pasillos anchos cuyas paredes están decoradas con cuadros coloridos. Es buena idea iluminar bien los pasillos, dado que así creará energía yang que penetrará en las habitaciones. Con ello contribuirá a la sensación general de armonía en el interior de la casa.

Los pasillos y los recibidores deben ser espacios frescos y aireados para que no perjudiquen al buen ambiente de su hogar.

167   Evite el peligro de la vajilla rota

Comer con una vajilla en mal estado es una experiencia extremadamente poco auspiciosa, igual que beber en vasos o tazas con muescas. En el momento en que se descantille un plato, lo mejor que puede hacer es tirarlo. Esto es asimismo aplicable a las fuentes en las que sirve la comida, puesto que servir alimentos en un recipiente agrietado o roto es simbólicamente negativo. Si su vajilla tiene valor sentimental pero está vieja y descantillada, guárdela o utilícela como elemento decorativo, pero no siga usándola. Examine toda la vajilla de su casa y deseche inmediatamente todas las piezas que no estén en condiciones. Si procede de este modo, continuará salvaguardando la buena suerte que haya cultivado mediante una buena práctica del feng shui en vez de echar a perder su duro trabajo. La atención a los detalles es elemental. Incluso el cristal más caro se debe desechar si está dañado.

Revise su vajilla con frecuencia y sustituya todas las piezas dañadas para proteger su buena suerte.

168   Evite comer con vajilla rota

Preste atención en todo momento al comedor. Asegúrese de que mantiene esta parte del hogar bien ventilada y sin esquinas oscuras estancadas. El comedor simboliza el lugar en el que su familia genera el dinero, por lo que debe procurar no comer demasiado a menudo fuera de casa: lo que asegura que el *chi* positivo se crea constante y uniformemente es comer en casa. Nada garantiza mejor un buen feng shui en su casa que servir comidas en ella con frecuencia. Si no sirve comida durante demasiado tiempo, la energía *chi* se estanca y finalmente muere.

Comer en casa habitualmente dispara la suerte auspiciosa de la familia.

Índice de materias

Créditos de las imágenes

Pág.

2 Geoff Dann
3, 4, 5, 6, 7 wofs.com
10 PhotoDisc Inc.
13 Andrew J Smith
14 Andreas von Einsiedel/EWA (Elizabeth
    Whiting Associates)
15 Tim Street-Porter/EWA
16 Steve Hawkins/EWA
18 Gary Chowenetz/EWA
18 Spike Powell/EWA
20, 21 Getty Images
22 David Giles/EWA (arriba);
    Edina van der Wyck (abajo)
23 Rodney Hyett/EWA
24 Spike Powell/EWA. Abajo: wofs.com
25 Rodney Hyett/EWA.
    Abajo: Getty Images
26–27 PhotoDisc Inc. art,
28 Rodney Hyett/EWA. Abajo: wofs.com
29 The Pier
30 Bruce Hemming/EWA
31 Getty Images
32 Getty Images (izquierda); wofs.com (derecha)
33 Lu Jeffery/EWA (derecha); abajo,
    Getty Images
34 Getty Images (izquierda); The Pier (derecha)
35 PhotoDisc Inc. (izquierda); Getty Images;
    (derecha)
36 Ocean
38, 39 40 Getty Images
42 Getty Images (izquierda); wofs.com (derecha)
43 Tim Street-Porter/EWA
44 Jerry Goldie
45 Tim Street-Porter/EWA
46 Geoff Dann
47 Tim Street-Porter/EWA
52 Getty Images
54 Bruce Hemming/EWA (abajo);
    wofs.com (arriba)
57, 58 Getty Images
59 wofs.com (centro and derecha);
    David Giles/EWA (abajo)
60 Getty Images (arriba);
    wofs.com (abajo)
61, 71 Getty Images
62 The Pier (arriba); Getty Images
    (abajo); wofs.com (ambas
    abajo derecha)
63 Getty Images (arriba);
    wofs.com (abajo)
64 David Giles/EWA; arte, Stephen Dew
65 PhotoDisc Inc.
66 Andrew J Smith; Geoff Dann (detalle, arriba)
67 wofs.com
70 Geoff Dann
72 Brian Hatton
73 Getty Images

75 PhotoDisc Inc; Geoff Dann (detalle arriba)
76 Getty Images; (izquierda); Geoff Dann
    (abajo)
77 wofs.com (arriba); Geoff Dann (abajo)
78 Getty Images (abajo)
80 PhotoDisc Inc.; Ocean (abajo derecha)
81 Rodney Hyett/EWA
82 David Giles/EWA; wofs.com (derecha)
83 Geoff Dann
84 wofs.com
85 Tim Street-Porter/EWA
86 Di Lewis/EWA
87, 88, 90, 92 wofs.com
89 Rodney Hyett/EWA
91 Gary Chowenetz/EWA
93, 94, 95, 98 Getty Images
96 Neil Lorimer/EWA
97 Bruce Hemming/EWA
99 Liz Whiting/EWA
100 Adam Papadatos/EWA
101 Dominic Whiting/EWA
102 Di Lewis/EWA
103 Andrew J Smith
104 Liz Whiting/EWA
105 Geoff Dann
106, 108 Getty Images
107 Getty Images; (arriba); wofs.com (abajo)
109 Geoff Dan (arriba)
110 Andrew J Smith
112, 118 Geoff Dann
114, 116, 122 wofs.com
115 Getty Images; wofs.com (abajo)
117, 119 Getty Images
120 Getty Images; wofs.com (derecha)
121 Getty Images; wofs.com (izquierda)
124 Getty Images; wofs.com (abajo)
125 wofs.com; Geoff Dann (derecha)
126 The Pier; wofs.com (abajo)
127 Lucinda Symons; wofs.com (abajo)
128 Getty Images; wofs.com (izquierda)
129 Geoff Dann (arriba);
    Heini Schneebeli (abajo)
131 Tim Street-Porter/EWA
132 Geoff Dann
133 The Pier
134 PhotoDisc Inc.
135 wofs.com; Geoff Dann (abajo)
136 Mark Luscombe-Whyte/EWA
137, 138 wofs.com
139 Neil Lorimer/EWA; Geoff Dann (izquierda)
140 Jan Baldwin; Ocean (derecha)
141, 151 wofs.com
142, 143 wofs.com
144 PhotoDisc Inc;
145 Mark Luscombe-Whyte/EWA
146 PhotoDisc Inc.
148 Geoff Dann
149 Bruce Hemming/EWA; wofs.com (derecha)
150 Tim Street-Porter/EWA; Ocean (abajo)

152 Ray Main/Mainstream;
    Getty Images (abajo)
153 wofs.com; PhotoDisc Inc. (abajo)
154 Geoff Dann
155 Simon Brown
156 Gloria Nicol (izquierda); Geoff Dann
    (derecha)
157, 158 Getty Images

Ilustraciones de Stephen Dew, aparte de las de
Kate Simunek de las págs. 13–22, 26, 27, 29,
31, 37, 39, 40, 53, 69, 73, 84, 133, 144;
Jacqui Mair, págs. 6, 113, 114, 116, 117, 118,
123, 147, 148; Anthony Duke, págs. 79, 134;
Sarah Perkins, 109, 137, 155; Csaba Pásztor, 92;
Ian Midson, 76.

Para actualizar su feng shui cada año:
Regístrese en www.wofs.com en febrero de cada
año para descargarse un gráfico anual de la
estrella volante. También podrá bajarse
actualizaciones mensuales gratis. Desde esta
página, también puede adquirir curas de feng
shui, como la pagoda de los cinco elementos.
Las imágenes de la página 111 (rueda
astrológica), los gráficos de la estrella volante y
de las ocho mansiones están basados en las
referencias proporcionadas por Lillian Too, con
copyright de la autora.

Lillian Too da la bienvenida a todos los lectores a
su página web www.lillian-too.com

Pueden visitar su revista electrónica en
www.wofs.com

email: ltoo@wofs.com

wofs.com sdn bhd
15th Floor, Menara Millennium
Damansara Heights 50490
Kuala Lumpur
Malasia
Tel: 603 2080 3466
Fax: 603 2093 3001

El editor desea agradecer a:
Mathmos, por las lámparas de lava mostradas
en la página 154.
www.mathmos.com

Por las fotografías:

The Pier
www.pier.co.uk

Ocean
www.oceanuk.com